発達障がい児の
感覚を目覚めさせる

運動発達アプローチ

タイプ別
やる気スイッチが入る運動あそび

株式会社チットチャット
取締役 **森嶋勉** [著]

合同出版

2

読者のみなさまへ

　私の１冊目の著書『ちょっとしたスペースで発達障がい児の脳と感覚を育てるかんたん運動』（合同出版）は、多くのスポーツ関係者に迎えられ、私のところにもさまざまな運動・スポーツ指導の要望が寄せられました。

　2014年には、児童デイサービス「チットチャット・スポーツ塾」が誕生し、現在大阪に４カ所の塾を開設しています。この塾で600名近い発達障がい児がからだづくりに取り組んでいます。

　からだが活かせるようになることで、ことばやコミュニケーションといったヒューマンスキルが向上することは、人のからだの仕組みを考えれば「当然の結果」です。しかし、残念ながら発達障がい児療育の分野では「からだアプローチ」が大切に扱われていません。

　障がいのあるなしにかかわらず、子どもの「からだづくり」は重要な課題ですが、便利で豊かな社会の中では、その重要性が軽視されています。からだという生きるベースが整ってからこその、個性や多様性であるはずなのに、その基本が忘れられています。

　この本は、「チットチャット・コーチ養成講座」の内容を基に、子どもと関係するさまざまな分野の方々に、子どもの「からだづくり」を指導する際の参考にしていただくことを念頭に置いて書きました。

　これまで何人もの障がい児から啓示を受けた「チットチャット・メソッド＝運動発達アプローチ」の集大成です。子どもたちの「からだづくり」指導の羅針盤になれば望外の喜びです。

森嶋 勉（株式会社チットチャット取締役）

目　次　CONTENTS

✚ 読者のみなさまへ

Chapter 1　チットチャット・メソッドが目指す指導

1 最近接発達領域へのアプローチ ……008

2 ティーチングとコーチングの違い ……009
ティーチング／コーチング

3 チットチャット・メソッドの3つの特徴 ……012
完全個別対応型指導／子ども主導型指導／保護者まきこみ型指導／
徹底的な「個別指導」が「集団指導」にも機能する

4 スポーツはみんなのもの ……015
基本の意味が違う日本／スポーツの「基本」とは何か／
やる気サイクルが回りだす／
おもしろみを体感させるコツは「本質」を問うこと／
あそび（スポーツ）から育つもの

Chapter 2　発達障がい児のからだ

5 チットチャット・メソッドの「考え方」……024
発達のピラミッド／感覚器から見たピラミッド／
動きの発達／大脳生理学的ピラミッド

6 発達のピラミッドから見たアプローチの「考え方」……030
呼吸へのアプローチ／内臓感覚へのアプローチ／
前庭覚へのアプローチ／固有受容覚へのアプローチ／
筋反射テストと○リングテスト／触覚一皮膚へのアプローチ／
「できない課題」は人を無力化させる

7 発達障がい児のからだの特徴 ……037

シングルフォーカス／赤ちゃん手・赤ちゃん足の子ども／

手の原始反射の残存／左右が別人のからだの子ども／

空間認知力の未熟なからだ／運動企画が未熟なからだ／

低緊張、過緊張なからだ／子どもの一次障がいは「からだ障がい」

Chapter **3** チットチャットの基本運動

8 からだの幹づくり、根っこづくり ……046

枝葉末節が未熟でも大丈夫

9 チットチャットたいそう ……047

「かえるバランス」「犬バランス」／ブリッジ／逆立ち

10 指導スキルに役立つさまざまな特殊テクニック ……049

マニュアルコンタクト（徒手接触）／なでる、さする／たたく／

筋の出力を変える触れ方／ぶつける、はがす／

表も裏も＝継時誘導の活用／交差神経支配／

リズミックスタビリゼーション＝同時収縮／

インナーマッスルとアウターマッスル／目のワーク

11 腔の理論 ……057

耳たぶ回し＋あによべたいそう／肩回し＋腕前後ふり／

シェーたいそう、オーレたいそう／足指ワイワイ

12 道具を使わない「動き」が基本 ……060

13 発想力、創造力ワーク ……063

14 ベビーステップで進める ……064

15 メソッドのルール ……067

16 やり方（Do）よりもあり方（Be）……069

17 あり方は人育てに表れる ……070

Ｃolumn シンクロニシティー理論 ……072

Chapter 4 特性・タイプ別指導

18 タイプ別機能する指導スキル ……074
運動能力とコミュニケーション能力から分析した4つのタイプ／
4つのタイプの指導スキル例／アセスメントシート

19 分析派タイプ＝Analyzer Type ／ Aタイプ ……077
タイプAに機能する指導スキル／タイプAの具体例

20 コツコツタイプ＝Babystep Type ／ Bタイプ ……080
タイプBに機能する指導スキル／タイプBの具体例

21 個性派タイプ＝Character Type ／ Cタイプ ……083
タイプCに機能する指導スキル／タイプCの具体例

22 こだわりタイプ＝Defensive Type ／ Dタイプ ……086
タイプDに機能する指導スキル／タイプDの具体例

23 原始反射と4つのタイプとの関係 ……090
タイプ別原始反射の特性

24 タイプ別に指導方法を考えてみる ……093

タイプ別指導例 ……094
跳び箱／トランポリン／ボール／スカーフ／平均台／ラダー／
カラーコーン／くるま／鉄棒／フラフープ／お手玉

✚ スポーツが持つコアバリューとは

✚ あとがきにかえて

✚ 参考になる本

✚ 著者紹介

Chapter

1

チットチャット・メソッドが目指す指導

完全個別対応型指導、子ども主導型指導、保護者まきこみ型指導を中心としたコーチング型指導で、子どもたちが自主的に主体的に行動を起こす指導をおこないます。指導者はティーチ（教える）よりもコーチ（育てる）として関わる必要があります。

1 最近接発達領域へのアプローチ

　チットチャットではあそび、運動、体操、スポーツといった、からだへのアプローチによって、ことばやコミュニケーション、学習や社会性といった、未来、自立して「生き抜く力」のための土台を育むことを主体に指導を展開しています。

　その指導で重要視しているのは、子どもが自主的に主体的に行動することです。そのため、指導者によるほんのちょっとの働きかけ＝「Ｊｕｓｔ　Ｈｅｌｐ」があれば成し遂げられるような働きかけや、個々人の成長段階に合致している課題を継続的に提案していきます。

　子どもも指導者も横並びのパートナーという関係をつくりながら成長発達を目指す、こういう関係性のことを「最近接発達領域へのアプローチ」といいます。最近接発達領域とはロシアの心理学者レフ・ヴィゴツキーが提唱した、他者（＝なかま）との関係において「あることができる（＝わかる）」という行為の水準ないしは領域のことです。子どもひとりひとりの違いに合わせ、ほんの少しの働きかけ（「Ｊｕｓｔ　Ｈｅｌｐ」）をおこなって成長発達を促します。そんなアプローチを指導の基本に置いています（図1-1）。

　欧米の教育では、この「最近接発達領域」のアプローチが主流になっています。しかし、日本の教育界では指導者の働きかけが弱く、子どもの働きかけも弱い「マニュアル教育、マニュアル依存型の指導」が大半をしめています。みんなが一緒に同じ課題をこなす、みんなが一緒に成長発達するといった集団対応型指導がほとんどです。

　しかし、今やこのシステムは、子どもの個々の気質や性格の多様性により機能しにくくなってきています。たとえば、35人クラスの中に発達に偏りがある子どもが2～3人いるとして、一斉授業で教科ひとつひとつの単元をみんなが同じレベルまで習得しなくてはならない。そうした授業体系で、本当に個々に合った成果を養うことができるのでしょうか。

　それはたとえるなら、不器用な子どもから運動能力の高い子どもまで、8段の跳び箱をひとつ置いて「はい、とべるようになりましょう」という授業と変わりないような気がします。明らかに無理があります。

　また、指導者に指導オプションが少なく、反比例して子どもの働きかけが強くなると、おそらく子どもは自由をはき違え、勝手放題の意図なし行

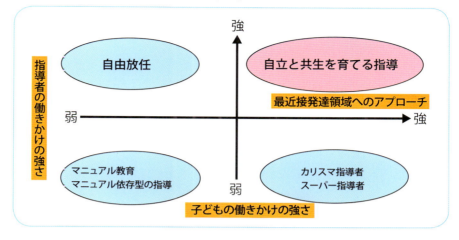

図1-1 チットチャットが目指す指導

動にでてしまいかねません。

　ほかにも、泣く子も黙るカリスマ指導者が、やる気のある子どもからやる気のない子どもまで熱く引っ張り続けるような指導も、指導者の自己満足を招く可能性があります。カリスマ指導者に依存した指導は、その人がいなくなると一気に子どもたちのパフォーマンスが落ちてしまいます。

　やはり子どもも指導者も将来の自立や共生を意図して、「二人で創る、みんなで創る」「ひとりひとりの違いに合わせた働きかけを続ける」「Ｊｕｓｔ　Ｈｅｌｐを基本に子どもたちの自主性や主体性を引き出す」といった指導でないと、子どもたちがひとりで立つ＝自立や、ひとりひとりの違いを理解する＝共生はかなわないのではないでしょうか。

2 ティーチングとコーチングの違い

　スポーツ指導の中にはティーチング（教える）とコーチング（育てる）という2種類の指導の考え方があります。子どもの「力」に合わせて使いわけることが必要です。

ティーチング

　子どもの力が「無力」の場合、ティーチングで答えを伝える、やり方を

指し示すという方法が必要です。

　図を見てください。たとえば、穴に子どもが落ちた場合、その子どもは明らかに「無力」です。大人が何らかの方法で助け出さないといけません。這い上がってくるのを待っていると、その子どもは絶命してしまうかもしれません。そのため指導者は助ける方法を適切に考え、即座に行動を起こさなければいけません（図1-2）。

　はしごを持ってくる、ロープを垂らす、穴を掘り直す、助けを呼ぶなど、その方法はいくつか考えられます。

　ティーチングのポイントは状況の把握で、適切な方法を瞬時に考え、行動することが求められます。そして、「無力」である子どもはその方法に従い行動するだけです。その方法は指導者の力を上回ることがなく、指導者の力量がその結果に大きく左右されます。子ども＜指導者という関係が成立します。つまり、ティーチングという考え方は指導者の力量に大きく左右されるのです。

コーチング

　一方、コーチングは子どもと指導者が対等の関係、すなわち子どもの力が「有力」になったときに必要なスキルです。図を見てください。木にボールがひっかかったとき、いくつ取れる方法があるか、それにはどんな方法があるのかを指導者が決めるのではなく、子どもに考えさせることが重要です（図1-3）。

　指導者が一方的に答えをいってしまうのはコーチングとはいえません。たとえば、「木にボールがひっかかったときははしごを使いなさい」と指示命令してしまうと、子どもは「自分で考えなくてもよい、答えは指導者、大人が指し示してくれる、指導者のいう通りに動いていればいい」という消極的な姿勢が身につき、誤学習になりかねません。

　そうならないために、コーチング的には、可能なかぎり子どもにボールの取り方をいろいろ問いかけて、「じゃあ、どうする」という決断までさせます。たとえば、子どもが「はしごを使ってボールを取ってみる」と決断したとき、指導者が明らかに無理だとわかっていても、その行動を尊重し、やらせてみます。

　そして、ここで大切なのは、子どもがはしごを使って木に安全、安心に登れるようにしっかりと「はしごを支えておいてあげる」ことです。そして、それでも取れないと気づいた子どもにまた、さらに尋ねるわけです。「取

図1-2 ティーチング例　穴に子どもが落ちた時

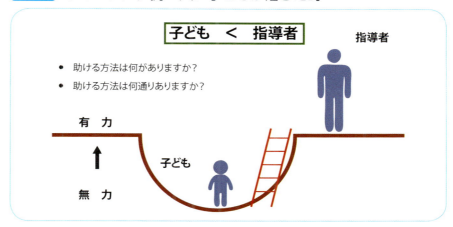

図1-3 コーチング例　木がボールにひっかかったとき

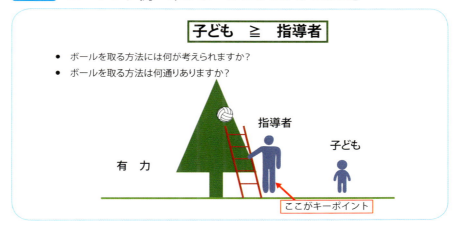

れるには何が必要？　どんな方法がある？」と。すると子どもはまた、再度考え新たな挑戦をはじめます。そして、指導者は、ここでも無事に取れるようにはしごを安全、安心に支えてあげるだけでいいのです。

　こうして子どもが自分の力で、自分の意志で問題を解決できた経験や解決できなくても自分で行動を起こした経験をたくさんさせ、自主性や主体性を引き出すのがコーチングです。指導者はちょっとだけ助ける、「Ｊｕｓｔ　Ｈｅｌｐ」に徹するわけです。

　こういう状況を経験していくと、子ども＞指導者という関係性が働き、子どもの本来の個性や特性が活かされることになります。

　ひとりひとりの子どものタイプや今に合わせて、ティーチングとコーチングをうまく使い分けて、子どもの自主性や主体性を引き出す指導が未来の子どもたちの「自立」につながるはずです。

3 チットチャット・メソッドの 3つの特徴

完全個別対応型指導

　チットチャット・メソッドでは、ひとりひとりの子どもの違いに合わせた指導を提供するために、完全個別対応型の指導にこだわっています。短い指導時間ではありますが、その日の子どもの体調や様子、質に合わせた指導を最大限効率よく提供することで、短い時間でもからだを扱う「コツ」をつかめることを目指しています。

　からだを扱う「コツ」は、一度習得できればほとんど一生ものです。たとえば、一度自転車に乗れるようになると、その動きは一生涯からだにしみこみます。一度泳げるようになれば、泳ぐ感覚は一生涯忘れません。汎化の苦手な発達障がいの子どもたちには効果的な手法だと考えています。さまざまな動きの「コツ」をつかんでもらうことを主体に、その「コツ」を習得するための指導をしています。

　そのためには、ひとりひとりの動きのくせや特徴に合わせたきめの細かい指導が必要となります。そのための個別対応です。

　しかし、個別対応にはこだわりますが、「担当の指導者」は設けないようにしています。これは子どもたちがどんな指導者ともうまく関係性をつくれる、またどの課題にもおりあいをつけて対応できる力を育むためです。社会に出たときには「その子の担当者」はほぼいません。社会生活に向けて、未来の自立の練習のために、あえてそういうルールで指導にあたっています。

　また、彼らの生活の中では「集団指導」が基本です。しかし、集団になると違いが大きすぎて、能力開発の濃度に差が出てしまいます。できる子どもは成長を、できない子どもはほったらかしにされます。

　たとえそれが集団指導が主体の中であっても「ひとりひとりの違い」に合った何かをコツコツつくり続ける、あるいは1日少しの時間でもいいから「取り出して」個別指導の時間をつくることが必要です。子どもの可能性を長い時間かけてコツコツと引き出す、それには個別対応型指導が必要です。

子ども主導型指導

チットチャットでは数ある運動器具、用具の中から子どもたちが自主的に主体的に「今、何がやりたいか」から指導プログラムをつくっていきます。指導者が指導プログラムを決めたり、一方的な指示提案をしたりはしません。

たとえば、運動器具が描かれた絵カードから種目を選んだり、設置している運動器具、用具から自由に選んだり、不特定要素にも耐える、あるいはゲーム性を持たせるといった観点で布バッグの中に絵カードを入れ、その中から1枚選んだ種目に取り組むなど、その子どもの主体性に任せた種目選びをしています（写真1-1）。

写真1-1　絵カードを選ばせる

指導者は選ばれた種目から、今日のその子どもの様子や今までの運動能力に照らし合わせて課題を提案していきます。そして、提案通り行動を起こしてくれない子どもにはすぐに課題を変更し、再度取り組める課題を提案します。

こうして良好な関係性をつくりながら、その子どもに合った「ギリギリ課題」に挑戦させる場面もひそかにねらう、そういった瞬間的でアドリブをきかせた指導の連続です。

そのため指導者側にマニュアルは存在しません。あるのは、その子どもの「今」に合わせた適切な課題設定だけです。

しかし、そんな自由で主体的な環境であるからこそ、子どもたちは自らの意志で積極的に課題に取り組もうとします。できてもできなくても、そのプロセスが力になり、自信や意欲、チャレンジ精神の育成にもつながります。決して指導者の思惑通りの結果ではない、まったく予期せぬ結果に驚かされる場面にもよく直面します。

その指導プロセスを子ども主導型に変えるだけで、子どもは勝手に動き出します。指導者は適切な課題を瞬間的に提案していき、あとは「Ｊｕｓｔ　Ｈｅｌｐ」に徹します。子どもに主導権を渡し、指導者は後方支援役になるのです。そういう指導体系であるからこそ、毎回毎回が「その子ど

もの物語」を彩り、ひとりひとりの成長発達につながるのです。

保護者まきこみ型指導

チットチャットでは毎回が授業参観のようなスタイルで、必ず子どもの保護者が見学しています。保護者は子どもの一番の理解者、応援団です。そして、我々へのアドバイザーでありパートナーです。

そんな環境の中で1対1で指導をするわけですから、我々の指導力が顕著に試されます。準備や日ごろの勉強の足りなさもはっきりと現れてしまいます。また、その日のその子どもの様子を的確に観察できず、一方通行的な指導をして自己満足に浸っていても、そのあり方はすぐに保護者に伝わります。

つまり、指導力はもちろんですが、指導者の全人間力が毎回試されるシステムになっています。日々のあり方磨きを怠ると、子どもだけではなく、保護者にもすぐに気づかれます。

逆に、我々のあり方を理解・承認してもらえると、保護者にいつまでも我々の応援団になってもらえます。また、保護者の子育ての視点を変えるきっかけにもなります。

「うちの子どもにはこういう関わり方もありだ。こういうやり方で育てると可能性がさらに広がる」といった意見ももらえます。

つまり我々も保護者も指導現場の中で人間力＝あり方を磨かれ、大人が変わらないと子どもも変わらない、といった意識改革にもつながっているのです。

そして、「みんなでこの子どもを育てましょう」という協力体制も確認できます。そんな三位一体の自立支援を施せるシステムが保護者まきこみ型指導です。

徹底的な「個別指導」が「集団指導」にも機能する

私たちのスポーツ塾利用者約600名に参加を募り、定期的に「運動会」や各種「集団イベント」を開催しています。そして、このイベントで毎回「個別指導」の大切さを痛感させられます。

たとえば、運動会ではスタッフたちが、参加者みんなが平等に参加できて、それぞれのスタイルで楽しめることを大前提として内容を考えます。各種目は習熟度別に考えられており、だれがどの種目に参加してもよい、

参加したくない種目には参加しなくてよいといった、子ども主導型も採用されています。

そんな運動会では、いずれの種目も子どもたちが自由に参加し、きょうだいや友人、家族も「自由だからこそ、責任を感じて」それぞれの役割を見つけて動きます。

いざ列に並ぶ、集まって説明を聞くという集団行動の場面でも、みんなが秩序を持ってすみやかに行動します。この様子に毎回驚かされます。指導者や、大人が大声を張り上げて「集まって！　話を聞いて〜！」といわなくても、みんなが適切に動きます。まさに日ごろのチットチャットでの活動の「集団版」を示してくれる瞬間でもあるのです。

この場面を見ると、やはり日ごろからの徹底的な個別指導、習熟度別指導、自主性や主体性、自由と規律といったことを主体に置いた関わりの大切さを痛感します。

4 スポーツはみんなのもの

スポーツの原義には「あそび」、娯楽、冗談、戯れなどがあります。「あそび」とはだれにも束縛されず、だれもが保障された「自由な身体活動」であり、「権利」です。だれもが平等にそのおもしろみや醍醐味を味わえることが「あそび」です。そして、その延長のスポーツ、そのまた延長のスポーツ指導にも「自由」や「権利」の保障が不可欠です。

たとえば、こんな「あそび」はどうでしょう。だれかに指示命令されるあそび、型にはまったあそび、運動神経が高い子どもだけのあそび、マニュアルのあるあそびなどなど、です。「自由」や「権利」ではなく、「束縛」や「強制」といった違和感がありませんか。

しかし、不思議なもので、この「あそび」の部分が「スポーツ」に代わって伝えられたとたん、あまり違和感がなくなってしまいます。あそびの延長のはずのスポーツが、ことばを変えただけで違和感が薄くなります。

指導者が一方的に指示命令する、フォームや型にはめる、マニュアル通りに指導され、運動能力の高い子どもだけがその醍醐味を味わえる。チットチャットはこうしたやり方にどうしても違和感を覚えています。こういう指導では、「スポーツはみんなのもの」＝「自由」や「権利」が保障さ

れないからです。とくに、障がいのある子どもにとっては縁遠い世界になりかねません。

基本の意味が違う日本

「あそび」が「スポーツ」に置き換えられただけで、「自由」や「権利」といったニュアンスがなくなり主従関係的、支配関係的なイメージがつきまとうのはなぜでしょうか。

たとえば、人はひとりひとり違う、違って当たり前なのが普通です。とくに、障がいのある子どもはその違いに差があります。ということは、その違いに合わせたやり方・取り組み方があってしかりであり、みなが一斉に同じようなことをおこない、みなが同列に進歩していくのも「違い」に合っていないということになります。

それでは、この違いに合わせた取り組み方、指導法とは何でしょうか。日本的なスポーツ指導の場合、よく「基本が大切」といわれます。「基本」の指導の考え方が理解できていれば、どんな人にも応用をきかせて指導できるといわれます。この考え方は間違いありません。「基本問題」が解ければ「応用問題」も解けるはずです。

しかし、日本のスポーツ指導の場合、この「基本」の考え方が少し違っている場合が多いのです。たとえば、日本的な「基本」の考え方は、フォームの練習からはじめます。鋳型にはめて画一性をねらう、マニュアルやシステム通りに指導する、ステップアップ方式（階段型）の指導が優先される、などを「基本」として何の疑いもなく採用している指導者が多いのです。

こういった「基本」にはめられてしまうと、運動能力の未熟な子ども、運動機能に問題がある子ども、理解力や意思表示が不明確な子どもなどは、この「基本」にのっていくことができません。それゆえ除外されたり、別メニューを与えられたり、あきらめさせられたりして、スポーツの世界からはじき出されることが起こります。

これでは「スポーツはみんなのもの」は実現できません。しかし、日本のスポーツ指導はこの考え方が当たり前のようにはびこっており、残念で悔しくて仕方がありません。

スポーツの「基本」とは何か

「スポーツはみんなのもの」を実現させるためには、この日本的な「基本」概念をあらためる必要があります。

スポーツはそもそも、あそびです。あそびは自主的・主体的な活動で、その活動はおもしろく醍醐味に満ち、好奇心やモチベーションをくすぐるものです。そのサイクルを回し続けてこそ、あそびの真の価値観が体感、理解できてくるはずです。

あそびの延長であるスポーツでも同様です。その活動は自主的で主体的なものでないといけない。人からやらされる、やることを決められている中からはスポーツの真の価値観は味わいにくいはずです。

運動が苦手であったり、経験が少なかったり、劣等感があったりすると、時間をかけてコツコツ、積み上げ型の指導をしてしまいます。すると、その子どもたちはおもしろみを感じないためあきらめてしまいます。また、形やフォームの課題からはじめられるととくに、できないことが多すぎて辛抱強く取り組めない場合がほとんどです。いずれもおもしろみや醍醐味を感じないからです。

とくに、発達に障がいのある子どもたちは敏感です。できない、わからない、おもしろくない、やりたくない、難しすぎる、複雑すぎるなどといった指導の質をすぐに察知し、こちらがどれだけお膳立てしても行動にだしてくれません。

子どもたちが納得して取り組んでくれない課題は、100%指導者の課題設定が間違っているのです。子どもの理解力や運動能力の問題ではありません。

図1-4 **ショートカットで「できた」を体感させる**

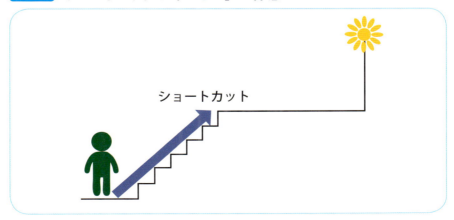

では何からはじめればいいのでしょうか。簡単です。「わくわく、ドキドキ」する、「できた、やれた」を体感できるポイントへ、ショートカットで連れていくのです。ステップアップ方式の指導ではなく、ショートカット型の指導が機能します（図1-4）。

からだは「できた、やれた」という感覚を知っています。周囲が「できるよ、やれてるよ」と空の評価をしていても、本人が一番「できた、やれた」をわかっています。そして、この「できた、やれた」感覚を味わったとき、人は勝手に自らの意志で動き出すものです。

「あっ、これおもしろい」「この感覚、もう一度味わいたい」とからだが理解したとき、人は自主的・主体的に行動します。それがスポーツ指導の「基本」です。

やる気サイクルが回りだす

できないと思っていたことができたり、あきらめていたことができるようになったり、目標にしていたことがかなえられたりすると、人は勝手に動き出します。自らの意志でもっとうまくなりたい、もっとできることを増やしたい、楽しみを味わい続けたいといった意図で勝手に行動にでるのです。

そして、その行動が積み重なると、繰り返し効果＝トレーニング効果が現れることになります。そうなると今まで無我夢中で、がむしゃらに動いていた自分の動きを俯瞰して見ることができてきます。「今、こういうふうに動いた」「あれ、こんなところが動いてる」など、ボディーイメージがでてきます。

そのタイミングで指導者は型やフォーム、効率的な動きなどをマニュアルやシステムにそってアドバイスしてあげればいいわけです。型やフォームにはめるというマニュアルやシステムがダメなのではなく、順番が逆なのです。

不器用な子ども、運動の能力の未熟な子ども、運動劣等感の強い子ども、発達に障がいのある子どもなどには、まず「できる、おもしろい」をからだで感じることを教えてあげます。

そして、それを継続的に繰り返して自主性や主体性を引き出し、もっとおもしろくするには、もっとうまくなるには、もっとできることを増やすには、とその子どもに合った課題や選択肢を与えていきます。その繰り返しを続けることで、指導者が上から引っ張り、与える指導ではなく、子ど

もと横並びの関係性の中で、二人で創っていくコーチング型指導を展開します。

そうなるとたくさんのスポーツ好きを増やすことができ、「スポーツはみんなのもの」に近づけるはずです。

おもしろみを体感させるコツは「本質」を問うこと

スポーツの指導において、できるだけ最短距離でそのスポーツ種目が持つ「おもしろみや醍醐味」を体感させる指導のコツは何でしょうか。それは「本質」を問うことです。

平たくいうと「○○って、何？」と問うことです。

たとえば、「スポーツって、何？」「パスって、何？」「バレーボールって、何？」「卓球って、何？」「水泳って、何？」、という問いかけのことです。

ここをうまく分析できると指導に必要なポイントが明確になり、課題もシンプルになります。

たとえば、「泳ぐって、何？」と問われたら、どう答えるでしょうか。

何ができたときに「泳げたー！」と体感できるでしょうか。とくに、障がいのある人たちは、スイミングスクールが採用しているステップアップ方式のマニュアル型の指導ではまったくついていけなかったり、あてはまらなかったりします。

では「泳げた」とは何ができたときに感じるのでしょう。たとえば、「浮くことができた」「浮いて進めた」はどうでしょうか。おそらく浮くだけ、進むだけでは「泳げた」「できた」感の感動の閾値は低いはずです。もちろん「泳ぐ」ですから、浮けて進むことは必要です。

では、からだの底から「泳げた」を体感できるには何が必要なのでしょうか。実はこの「できた体験」は、「浮いて進む」の中に「息継ぎ」「呼吸」が入り込んで、「息継ぎをしながら、浮いて、進む」が完成したとき、「泳げた」と体感できるようです。そして、「泳げる」などとは夢にも思わなかった人の中には、これを実現できたときに感動して泣き出す人もいます。

つまり、もし障がいがあり、マニュアル通りの指導手順を踏めなかったとしても、「できた体験」させるには、何らかのスタイルで「息継ぎをしながら、浮いて、進む」を体感できる練習を繰り返せばいいのです。それが少々へんてこりんなスタイルでも、まずは「呼吸をして進む」を目指します。そう考えると練習する内容もいたってシンプルに構成できます。

このように、本質を問うことがショートカットのコツとなります。

実は、スポーツの種目名はその語源に「おもしろみ」を伝える（本質化する）ヒントがあります。たとえば、卓球はテーブル・テニスです。テーブルの上でラリーを繰り返す。バレーボールはボレー・ボールです。ボレーは「ボールをおとさない」の意味で、できるだけ長くボールを地面に落とさずにラリーを続けることが醍醐味です。バスケットボールはバスケット・ボール、かごに向かってシュートするスポーツです。このように、語源から探るとヒントが見えてきます。

そこが見えると、たとえば、卓球なら「テーブル・テニス」ですから、「テーブルの上」、つまり卓球台を縦に使ったらできない子どもには横に使えばいいのです。ネットを張らなくても、線状のものに替えてもいいのです（表1-1）。「テニス」＝ラリーだから、ラケットに工夫を加えたり、ゴロからはじめてもいいですし、ツーバウンドでも大丈夫です。最終的に何らかの形で通常のラリーに持ち込めばいいわけです（表1-2）。

バレーボールもネットもコートも、最初はいらないかもしれません。人数も1人で、あるいは2人で繰り返すからでもいいかもしれません。ボールも、風船やビーチボールなど落下速度の遅いボールからはじめるのもいいですし、とにかく地面にボールを落とさないことを繰り返します。

このように、本質が見えるとやり方や道具やルールの制限を緩めてさまざまなバリエーションが加えられます。選択肢が無限に広がるわけです。卓球はこうしなければいけない、バレーボールはこれが常識、ではなく、

表1-1 卓球の工夫ポイント

- **卓球台** ⇨ 横向き、縦向き、高さを変える、地面にコートを描く
- **ボール** ⇨ ラージボール、色のついたボール、ゴルフボール（ゴロ用）
- **ラリー** ⇨ ゴロ、2バウンド
- **ネット** ⇨ 棒、ひも、線、ネットなし
- **グリップ** ⇨ 両手ハンド、ペンホルダー、シェイクハンド

表1-2 バレーボールの工夫ポイント

- **コート** ⇨ なし、半面、全面、自由な形・大きさ
- **人数** ⇨ 1人、2人、3人以上
- **ボール** ⇨ 風船、紙風船、ビーチボール、ソフトボール
- **ネット** ⇨ なし、地面に線だけ、高さが調整できるもの
- **ルール** ⇨ 何回続けられるか、チーム対抗で何回続けられるか、チーム対抗で返球の回数を増やして、アタック・フェイントなし

こうしたらみなおもしろみや醍醐味を早く味わうことに近づくのではないか、本質を見れば指導の意図もぶれないですむのではないでしょうか。そうなることで「スポーツはみんなのもの」への指導が具現化されるはずなのです。

あそび（スポーツ）から育つもの

チットチャット・コーチ養成講座では支援者の方のワークとして、たとえば、ビーチボールで円陣をつくってバレーボールをしてもらいます。あらかじめこちらで決めた回数に到達するまで、繰り返してもらいます。

最初はだれも声を発することなく、静かなムードでただ繰り返す場面が続きます。そして、決まって失敗が続きます。そのうち「もう少しこうしよう」「このときはああしてみよう」と誰彼なしに提案の声かけがはじまり、ラリー中も指示の声や回数を数える声が自然発生的に起こります。

そして、提示した回数をクリアするときがきます。完成するとまた、少し難度の高い制限を加えて目標にチャレンジしてもらうと、さらに精度の高い会話が生まれます。そして、再び完成にたどりつきます。

終了後、参加者、支援者に「今のラリーの中で育つ力には何がありますか？」と尋ねると、たくさんの「力」があがります。その代表的な「力」は表の通りです（表1-3）。

数人の支援者が輪になってバレーボールをしただけ、ただ「あそんだ」だけです。しかし、参加した支援者からこのような「力」が育まれると、明確に発信されます。そして、この図のような力は子どもの将来、自立や社会性を見たときに必ず役に立つ「力」です。「ソーシャルなスキル」です。

あそび、スポーツを工夫して、こういった「力」を引き出すという意図のもと利用すれば、将来大人になったときに役立つ「力」をからだで学べ

> ### 表1-3 あそび（スポーツ）から育つ力
>
> - 想像力
> - 創造力
> - 自主性・主体性
> - やる気、意欲
> - チャレンジ精神
> - 決断力、判断力
> - コミュニケーション能力
> - 運動能力
> - メタ認知力
> - リーダーシップ
> - その他、ソーシャルスキル

るわけです。

　わざわざ「ソーシャルスキル・トレーニングをしましょう」とかまえておこなわなくとも、あそび、スポーツをその意図で利用すれば、一石二鳥の効果が得られるはずです。あそび・スポーツが立派な人材育成財として機能するはずなのです。日本は「あそび・スポーツを人づくりのスキルとして活用する」という考え方がたいへん薄く、そして、発達障がい児の療育の世界でもまだまだ取り上げられません。

Chapter

2

発達障がい児の からだ

チットチャット・メソッドは、ことば、コミュ
ニケーション、学習、社会性といった、
将来ひとりひとりがしあわせな自立をかなえる
ための「生き抜く力」の土台をからだづくり
から支えようとする運動発達アプローチで
す。
そして、その理論的ベースには必ず「人のか
らだの仕組み」があります。
ここでは人のからだを生理学的に見ていきた
いと思います。

5 チットチャット・メソッドの「考え方」

発達のピラミッド

　人間の成長・発達を見てみると、ピラミッド型に進化発達します。

　赤ちゃんとして生まれて、まず呼吸機能が発達します。お母さんの胎内にいるときには必要のなかった自発呼吸が必須となります。そして、人間界で生きていくためのさまざまな動きを、さまざまな感覚器を頼りにつむいでいきます。

　手や口、目や皮膚などを使って、下界のさまざまな環境に対処、対応しようとして発達していきます。姿勢変化も、あおむけの姿勢から寝返りをうち、うつ伏せになり、手や足の動きを利用して腕立てやはいはい、そしてつかまり立ちから自力歩行を習得し、自由度を増していきます。そうして自由な身体活動を手に入れていきます。

　そして、動きを通じて脳が活性化することで自らの意思表示、他人との関係性を育てるためにことばやコミュニケーションを獲得し、成長とともにさまざまな知識、知能を蓄え、認知能力の高まりとともに社会性や自立した個といった人間としての成長をたどります。

　障がいがあろうがなかろうが、すべての人間がこの成長発達過程をたどるのです。

　しかし発達障がいの子どもたちは、その特性からついついコミュニケーション、想像力、社会性といった「認知の部分」に問題のスポットがあてられます。そして、その改善のための療育が施されます。

　今ではさまざまな認知療育が開発されており、いつでもすぐに情報として取り入れることができ、保護者や支援者が即実行できます。少しでも子どもの自立につながるのであれば、積極的にその子どもに適した認知療育を取り入れるのは効果的です。

　しかし、人のからだの仕組みから見ると、あくまでも認知の部分は成長・発達のもっとも高次な部分、ピラミッドの頂点です。図2-1を見てください。しっかりとしたピラミッドを形成しようと考えると、やはりその土台が大切です。そして、その土台が呼吸、感覚、動き（姿勢）といった「からだ」の部分なのです。この土台をしっかりと築くことが、将来の自立に向けての投資になると考えています。

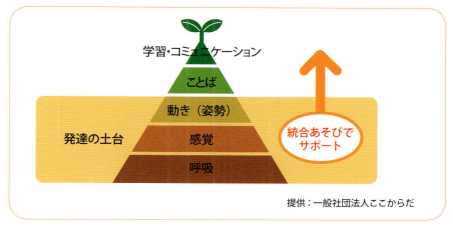

図2-1 発達のピラミッド

提供：一般社団法人ここからだ

　チットチャットではことばやコミュニケーション、学習などに重きを置かず、あそぶ、運動、スポーツを道具として位置づけ、発達のピラミッドの土台づくりに取り組んでいるのです。それが将来の自立した「個づくり」に役立つと解釈しています。

　現にからだがうまく扱えるようになってくると、その子なりのコミュニケーション能力を身につけたり、認知機能が高まったり、おりあいをつけて行動できるようになったりと、運動発達アプローチが機能した子どもを数多く見てきました。これがチットチャットがひたすら「からだづくり」にこだわる理由のひとつです。

感覚器から見たピラミッド

　人のからだにはさまざまな感覚器＝センサーが存在します。このセンサーが敏感すぎず、鈍感すぎず働いてくれることが、健康に健全に生きていく基本となります。

　そして、その感覚器の仕組みもピラミッド型になっています。もっとも下位は前庭感覚、固有受容感覚、内臓感覚です。その上が触覚（触覚は下位層からもなっている）、嗅覚、味覚、そして最上位が聴覚、視覚です。発達障がいの子どもはどの感覚器も敏感であったり、鈍感であったりします。

　近年、自閉症スペクトラムの４つ目の障がいの特性として、「感覚の偏り」が付け加えられました。この感覚器＝センサーが不具合なために、さまざまな問題、特殊行動と受け取られる現象が生活の中につきまとい、日常生

活を困難にしている子どもが多いのです。

　そんな感覚器に偏りを持つ発達障がい、自閉症スペクトラムの子どもたちは「視覚」が強いといわれています。目で見た情報なら比較的スムーズに理解でき、穏やかに行動できるといわれています。そして、この視覚を利用した認知療育は彼らの療育のスタンダードになり、療育機関や学校、家庭でも広く取り入れられるようになりました。

　しかし、感覚の階層から見ると、視覚能力はもっとも上位の感覚器です。図2-2を見てください。底辺では前庭覚や固有受容覚、内臓感覚、触覚などが支えていることになります。つまり発達障がい、自閉症スペクトラムの子どもたちは、視覚が強いのではなく、下位の感覚器が未熟であるため「視覚に頼らざるを得ない、視覚しか残っていない状態」で生活しているともいえます。

　逆にいうと、下位の感覚器を整え、統合させると、さらに強い視覚が機能しだす確率も高まるといえます。

　そしてこの下位の感覚器は、「からだアプローチ」で大いに改善が期待できるものばかりです。彼らの強みである視覚をさらにしっかりとさせる手助けにもなるはずです。感覚器から見ても、どうやら運動発達アプローチは使えそうなのです。

動きの発達

　呼吸、感覚と階段状に成長発達したら、次の段階は動き（姿勢）です。これは脳の発達と関連させて考えるとわかりやすいです。

　脳はまず、その中枢である脳幹からはじまり、脳の命令回路を脊柱に伝

図2-2 感覚の階層

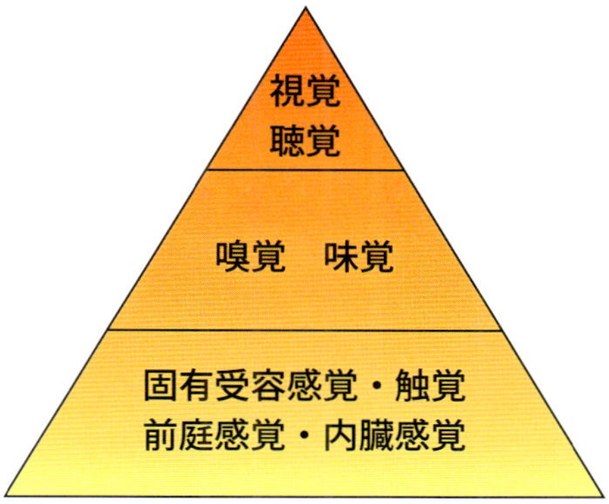

視覚
聴覚

嗅覚　味覚

固有受容感覚・触覚
前庭感覚・内臓感覚

提供：一般社団法人ここからだ

え、哺乳動物としての機能を形成しようとします。脊柱の前後への動きとともに首がすわり、その機能が整えられます。その後、動きの方向を上下に両側一緒に使う動作を増やすことで、脳全体を一つのものとして成長させます。つまり全脳状態です。そして、左右どちらか一方だけの動きを強調し、右脳左脳のそれぞれの脳を分離させます。極端に半身だけを使う時期です。そして最後に正中線をまたぎ、左右を操作する動きを増やすことで右脳と左脳の分化が起こり、左右分離した別々の動きが獲得できるようになります。

　それぞれの動きに比例して、脳も成長していきます。逆にいえば、動きの特性を観察すると、その子どもの今の脳の成長発達状況も予測することができます。

　このような発達過程をへて、認知の土台としてのからだができあがっていきます。この土台が形成されるからこそ、ことば、コミュニケーション、学習、社会性が育てられるわけです。

大脳生理学的ピラミッド

　脳も成長発達とともに育っていきます。脳を簡単に区分けするため、前方から輪切りにしてみると、三層構造になっています（図2-3）。

　もっとも深部にあるのが生命の座といわれる脳幹部で、生命に関わる指令を出しています。魚類の脳はほとんどが脳幹で占められており、進化の土台をなしています。

　次が本能欲求や感情を担当する旧皮質（大脳辺縁系）部で、快・不快の

感情の部分に指令を出し、本能欲求を満たすために働きます。爬虫類はこの部分が大きいとされています。

そして、もっとも外側が新皮質（大脳新皮質）で、理性的な活動に必要な命令回路です。哺乳類はこの脳が支配的になり、その中の前頭前野という部分はもっとも高等な人間が保持しています。

脳も土台である脳幹や旧皮質の働きが大切で、理性的、人間的な脳を機能させるためには、それらをしっかりと働く器官にする必要があります。

もっとも土台の脳幹は「生きるか、死ぬか」の命令回路です。動物が窮地に陥ったときにもっとも支配的に働きます。自分の安全を自分で守る、敵から自分を防御するといった活動で機能し、「ギリギリ体験」「冒険的な体験」がその機能を高めます。

しかし、現代の豊かで便利な社会の中では「ギリギリ体験」「冒険的な体験」を味わう場面がなく、発達障がい児に限らず、今の子どもたちは脳幹がしっかり育っていないことが考えられます。その弊害か、今の子どもたちは「ギリギリ」になるとあきらめたり、逃避したりしてしまいます。冒険的なことへは挑戦しない、逃避するといった行動を反射的にとってしまいます。「安全第一」の今の時代は、脳幹を育てるには難しい時代であることは間違いありません。

また、旧皮質には三大本能欲求があり、食欲、性欲、所属欲（集団欲）があります。これらの欲求を満たせない状態になると、そのストレスが新皮質や脳幹を脅かします。新皮質を攻撃しだすと理性的な行動に影響を及ぼし、また、脳幹に向かいだすと自律神経への攻撃をはじめます。

いずれも脳の構造を狂わせてしまうストレスとなり、この本能欲求を意

図2-3 **脳の三層構造**

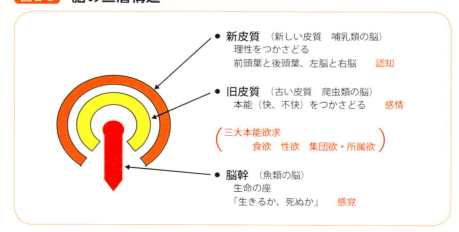

識的に充足させておくことが、人間を人間足らしめるのには必要です。

　また、この三大欲求を満たすのも、ただの物質的な欲求では物足りず、心的要素が加わっていないといけません。食欲は個食や孤食、エサ的な食生活では満たされません。性欲を満たすためのスキンシップやスキンタッチも、愛されている人、信頼関係のある人からのものでないといけません。

　所属欲も、単なる部署やクラスではなく、そこに自分の役割や立場が加味されている必要があります。物的ではなく、心的でないと満たされないのです。

　しかし、この三大欲求は、あそび、運動、スポーツの中で大いに満たされるチャンスがあります。たとえば、対人スポーツやチームスポーツでは「みんなで協力しておこなう、みんなで分かち合っておこなう」場面を多くつくることで、それが可能となります。

　バレーボールなどでは、練習であっても試合であっても、得点をとってもとられても、インターバルで必ずスキンタッチやスキンシップなどの承認や励ましの行為によって結束を強める場面があります。他のスポーツでも似たような場面が多数見られます。

　チームプレーやチームワークといった関係性は、おのずと本能欲求を満たす行為にも置き換えられます。あそび、運動、スポーツの中にはそんな場面がふんだんにあります。

　脳幹、旧皮質といった脳の土台を満たしておくことも、脳機能を高めるということでは大切なことです。そして、あそび・運動・スポーツの中にはそれを満たす活動が数多くねむっています。

6 発達のピラミッドから見たアプローチの「考え方」

呼吸へのアプローチ

　発達のピラミッドの最初のステージ「呼吸」について見ていきましょう。

　発達障がいの子どもで、呼吸が浅かったり、ずっと口があいている状態の子をよく見かけます。呼吸には鼻呼吸、口呼吸、胸式呼吸、腹式呼吸などがありますが、とりわけチットチャットでは「横隔膜呼吸」に注目しています（図2-4）。

　横隔膜は肺の下部に位置し、ちょうど傘を開いたり閉じたりを繰り返すような動きをする筋肉です。この開閉によって肺を押し上げたり下げたりしながら呼吸のキャパシティーを広げていきます。

　しかし、近年の快適環境の弊害で、この横隔膜が動かない子どもが増えています。肺を押し上げたり下げたりする機能が低下しているようなのです。そのため呼吸が浅い、うまく吸えないといった酸欠状態が起こっているともいえます（図2-5）。

　そしてこの横隔膜は、実は大腰筋という、股関節の奥のほうについている筋肉と連動しています。つまりこの大腰筋の動き、股関節の深部の動きをよくすると、この横隔膜が動き出し、呼吸をスムーズにおこなえる可能性があります。

　実際、静かにゆっくり股関節を曲げ伸ばしするような動きをすると、呼

図2-4　横隔膜呼吸

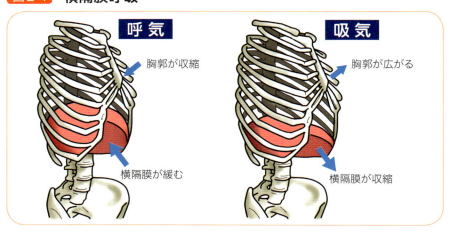

吸が楽になる感覚を味わえます。

また、横隔膜はストローのような細い筒から息を吸うような動作を繰り返すと、動きが円滑になります。その子どもの呼吸動作に合ったストローを選択し、ストローで呼吸するトレーニングを日常化するのもよい方法です。また、呼吸のみでするゴロ卓球、吹き矢であそぶなど、横隔膜を刺激する運動も取り入れています（写真2-1）。

内臓感覚へのアプローチ

感覚器の中でもっとも下位の発達土台である内臓感覚、この感覚器も発達障がい児は不安定な子どもが多いです。この偏りが偏食や過食などにつながり、内臓感覚、とくに腸内環境を乱していることが予想されます。

腸内環境は免疫力や栄養摂取力とも関係が深く、健康という観点からも重要な感覚器です。

図2-5 横隔膜と大腰筋

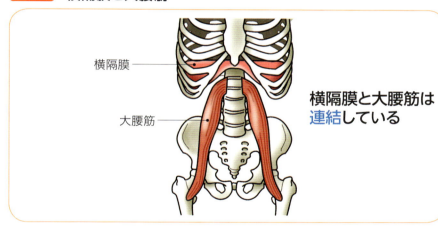

写真2-1 横隔膜を使う動作

食生活を農薬が少ない食品に変更したとたん、情緒が安定してきた子どもがいました。ファストフードや炭酸飲料、甘味料いっぱいの食品が好きな子どもが多いですが、内臓感覚器を整えるという観点から保護者に食べ物への配慮を提案したりもします。

　また、なかなか食生活の改善までは手が回らない家庭でも、せめて「水」や「塩」に気を使うだけでも効果があるはずです。人のからだの大半は水分と塩分です。その水分・塩分バランスを改善する（いいお水、いいお塩をとる）だけでも腸内環境が整い、内臓感覚器にも潤いを与えるはずです。

前庭覚へのアプローチ

　前庭覚は耳の中にあるバランス感覚を扱う感覚器です。重力とどう関係性をつくれるかに関わる重要な感覚器です。この感覚器がうまく機能しないと、いわゆる「無重力の中の宇宙飛行士」のような状態になります。宇宙生活を長く続けると「自分のからだの左右がわからない」「どっちが頭でどっちが足かわからない」状態になるそうです。つまり自分のボディーイメージがすっかり破壊されるわけです。

　前庭覚に不具合を抱える発達障がい児はたいへん多く、そのため高低差が理解できない、モノや人との距離感がつかめない、力加減が難しい、目が回らない、バランスが悪いなど、さまざまな日常生活動作を阻害される行動として現れます。そのことがコミュニケーションや人間関係能力へ波及します。ますます無重力の中で孤立したような状況で生きていくことになっているかもしれません。

　前庭覚が破壊された状態を体感できるワークがあります。

　椅子に浅く腰かけ、背もたれ越しにからだを反らせてかまえ、その状態のままお手玉などを投げてキャッチする動作を繰り返してみましょう。最初はほとんど距離感が合わなかったり、タイミングが合わなかったりしてうまく取ることができません（写真2-2）。

　また、二人が同じ姿勢でキャッチボールを繰り返すと、さらに力加減が難しくなってキャッチボールが成立しません。股を開き、後ろ向き同士で股越しにキャッチボールしても同じ感覚を味わえます。この状態が前庭覚が破壊された状態です（写真2-3）。

　発達障がいの子どもたちは多かれ少なかれ、見た目ではわからなくとも、同じような感覚で日常を送っています。この前庭覚が破壊された状態は、距離感がつかめない、タイミングがわからない、力加減ができないといっ

写真2-2、2-3 前庭覚が破壊された状態を体感する動作

た状態＝「空間認知力」が整っていない状態です。

　空間の認識が不安定で、恐怖や不安がつきまといながらの日常生活であると予想できます。こういった身体感覚を持っていることを理解しておくだけで、指導の配慮ができるはずです。

固有受容覚へのアプローチ

　筋肉や関節の中にある感覚器である固有受容器は、からだのありか、からだの寸法、動きの学習を認知する感覚器です。

　たとえば、紙コップで水を飲むとき、コップを落とすことなく、握りつぶすことなくもなく掌でつかみ、水をこぼさずに口に運び、傾けて、口に水を注ぐといった一連の動作がおこなえるのも、この固有受容器が機能しているからです。

　また、ひじがどれだけ曲がっているか、足がどの位置にあるか、見なくても認識していて、適切な位置に調整してくれるのも、この筋肉や関節の中にある固有受容器です。

　しかし、この固有受容覚がうまく働かないと、目で見えていないところのからだのありかや寸法がわかりません。中には「消えてなくなる」といった感覚に陥る子もいます。そのため逆立ちをしても足がそろえられなかったり、本人はそろえているつもりであっても、きれいな逆立ちの姿勢をつくれなかったりします。

　また、山登りで段差を登るときなども、自分の足が見えなくなると足場を探すということが難しく、足場に足をひっかけて力を出すことがわかりません。また、降りようにも足場が見えないため降りられないという状況にでくわす子どももいます。これらはすべて固有受容覚がうまく働いてい

写真2-4、2-5 固有受容覚が不鮮明な状態

ないことがうかがえます。

　固有受容覚の未熟な子どもには、実際に主導筋である筋群に「ここに力入れて」や「ここをそろえて」といった直接的な筋肉刺激を与えながら、そのありかや力の入れ具合を「体感」させることが効果的です（写真2-4、2-5）。

　いずれにしても、感覚器の土台となる前庭覚、固有受容覚といったセンサーは多様な姿勢変化や多彩な筋出力体験で整えられる感覚器です。あそび、運動、体操、スポーツこそ、その開発のための格好のツールとなります。

筋反射テストとOリングテスト

　人のからだの中には、「自分に合っているもの、合わないもの」を識別できる生体反応機能が備わっています。そして、その機能は「筋反射テスト」や「Oリングテスト」といわれるテストで調べることができます。抵抗に対して力が出しやすいか出しにくいかでその反応を見るテストです。

　昔の医療では検査機器がなかったため、医者や施術家らはこの生体反応テストを施して、そのクライアントの病変や治療薬、治療効果を試していました。

　具体的な筋反射テストの一例を紹介しましょう。

　腕を伸ばした状態で肩の力が入りやすいポジションにかまえます。そのポジションで、術者は一定の力加減で腕を下に降ろす方向に抵抗を与えます。クライアントはそれに抗して力を入れます。その行動や動作、物質（たとえば薬やサプリメント）が自分のからだに合っていると、抵抗に抗した力が入りやすくなります。逆に、合っていなかったら力が入りにくくなります。

図2-6 筋反射テストとOリングテスト

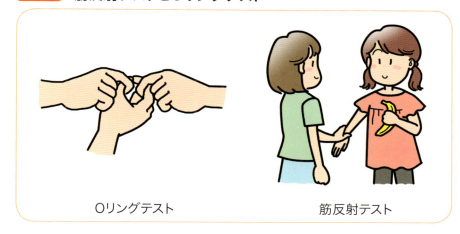

Oリングテスト　　　　　　筋反射テスト

　不思議に見える現象ですが、本当に「力が入りにくい・入りやすい」の違いが現れます。Oリングテストも、指でOKマークをつくり2本の指をはがす方向に力を入れると、同じ要領で調べられます（図2-6）。
　これらの生体反応テストを利用して、「その運動が自分に合っているかどうかを確認する」こともできます。

触覚—皮膚へのアプローチ

　感覚器の中の下位から中位の階層に存在するのが、皮膚の中にある触覚器ですが、チットチャットでは触覚はたいへん重要な感覚器だと考えています。
　皮膚に刺激や抵抗を与え、徒手接触することで人のからだは驚くほど変化を見せます。不思議で、繊細で、都合のいい感覚器です。とくに、ことばの指示や課題の意味が理解しにくい重度の自閉症の子どもたちと良好な関係性をつくるには、どこを触るか、どこを補助するか、また皮膚接触を許可してくれるかが、関係性づくりの大きなカギを握っています。「皮膚からつながる」が関係性づくりの基本の基本です。
　そのほかにも、緊張や不安を抱えている子どもたちにリラックス効果の高い筋操作、筋弛緩テクニックでも触覚器は重要な役割を果たし、その操作を指導者が会得していれば相当な指導オプションが広がります。皮膚への徒手接触＝マニュアルコンタクトは不可欠な指導スキルとなります。

　たとえば、先ほどの筋反射テストを使って、からだにとって合っているかどうかのマニュアルコンタクトの一例を紹介しましょう。

①まず片腕を肩から手先方向（毛並み）にそって軽くさすることを繰り返します。

②その後、筋反射テストを試してみます。

③力が出しやすくなっていることが感じられます。

④次は、手先から肩方向（毛並みとは逆方向）に数回、逆なでするようにさすります。

⑤その後、筋反射テストを試してみます。

⑥力が入りにくくなっていることが感じられます。

　このように、毛並みにそってなでると快刺激、逆なですると興奮刺激となります。快刺激がリラックス効果をもたらし、力の出しやすさにつながることが体感できます。このように皮膚を触る方向を変えるだけで、力の出しやすさ・出しにくさが変わってしまいます。人のからだの中にはこのような機能が随所に備わっています。

「できない課題」は人を無力化させる

　この筋反射テスト、Ｏリングテストを使ったおもしろいワークがあります。たとえば、お手玉を使ってキャッチボールするとしましょう。最初は無難にキャッチできるポジションに指導者がボールを投げます。それを数回繰り返したあとに筋反射テストをやってみると、力が入りやすくなっているのが感じとれます。

　次のレベルとして「キャッチできるギリギリのポジション」にお手玉を投げ、キャッチボールを繰り返します（写真2-6）。こうしてファインプレーの連続をつくります。すると、さらに力が入りやすくなっていることが体感できます。ギリギリ課題が力の入りやすさの最高点をつくるわけです。

　逆に、お手玉を取れないようなところにわざと投げることを繰り返し、キャッチするように求めます（写真2-7）。数回繰り返したあと、テストしてみると、まったく力がはいらない状態になっていることが体感できます。「できない課題」は人を無力化させるのです。

　そして驚くことに、この「無力化」の状態は、投げた指導者のほうにも起こってしまうのです。

　つまりお互いがお互いを尊重し、分かち合えるようなキャッチボールは人を「有力化」します。逆に「できない課題」は、指導する側もされる側

写真2-6 ギリギリできる課題	写真2-7 できない課題

も「無力化」＝パフォーマンスダウンにつながるわけです。チットチャットではこれがコミュニケーションの本質だと考えています。からだはそのことをわかっているのです。

7 発達障がい児のからだの特徴

シングルフォーカス　集中すると姿勢が崩れる子ども

　ひとつの感覚器（視覚）に意識を集中すると姿勢を扱う感覚器（固有受容覚、前庭覚）に命令がいかなくなり、姿勢が崩れていく子どもがいます。外から見ると不自然に思いますが、本人としては崩れた姿勢になったほうが集中でき、それがその子どもの「まっすぐな」姿勢なのかもしれません。

　ひとつごとに集中したら二つ同時には集中できないのです。こういった機能のことをシングルフォーカスと呼びます（写真2-8）。

　このシングルフォーカスを持った子どもたちは、ブランコを一生懸命にこいでいると、いつの間にか手を放してしまいます。また、自転車を一生懸命こいでいると、前を見ることを忘れます。前を見てハンドルを動かしていると、いつの間にかペダルをこぐ足が止まってしまいます。

　また、黒板をしっかり見なさいと注意されて、一生懸命見ようとすればするほど、姿勢が崩れていきます。逆に、姿勢を正しなさいといわれれば

写真2-8　シングルフォーカス

いわれるほど、黒板が見られなくなったり、先生の指示が聞こえなくなるなど、いろいろな場面で誤作動を起こしてしまいます。

　この症状がさぼっている、ふざけていると受け取られ、対人関係に問題を引き起こすケースもあります。

赤ちゃん手・赤ちゃん足の子ども

　発達障がいの子どもの中には、手や足が赤ちゃんのように未発達の状態な子がたくさんいます。

　手や手首、ひじの筋肉が成長発達していくと、手の甲に腱や筋が現れます。また、足も同様で足指、足首、ひざなどの下腿部についた筋肉が正常に機能すると、腱や筋が現れます。

　この手や足に腱や筋が現れない「赤ちゃん手・赤ちゃん足」のような状態で、腕や脚の末端部分の機能が十分発達していないことが予想されます。

　こういう手足だと、たとえば、うまく手を握れない、つかめない、保持できないなど、生きるうえで必要な微細な動きがなかなか習得しにくくなります。また足は、見た目にはわかりにくくても相当不安定な状態で立ち、歩き、移動しているのだと予想されます。平地を歩くのも、氷の上を歩くような身体感覚かもしれません。恐怖や不安で、ゆっくりとしか行動できないのが普通でしょう（写真2-9、2-10）。

　しかし、こんな手足を持っている彼らでもことばのコミュニケーションは上手な子どもがいます。不器用な手足で、できない動作がたくさんあるにもかかわらず、「口は達者」な子どもです。そうするとできない動作を

写真2-9 赤ちゃん手　　写真2-10 赤ちゃん足

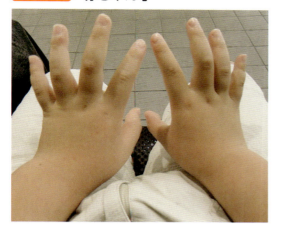

口でごまかしたり、反発したりします。それが友だちとの口論やけんかの火種になったり、いじめの対象にもなりかねません。

　うまく意思や意図が伝わらないため感情がうまくコントロールできず、自分勝手、わがままとも解釈されてしまいます。赤ちゃん手・赤ちゃん足であることが原因で、未熟な動作になり、それが誤解を生む可能性も秘めています。

手の原始反射の残存

　床に手をつこうとすると指が屈曲し、掌が床につかず指だけで支えてしまう、また、常に指に何かが触る刺激がないとダメ、何か持っていないと落ち着かない子どもがいます。このような子どもには手の原始反射が残されていることが予想されます（写真2-11、2-12）。

　原始反射は胎児から生まれたあと12カ月ほど発現し、正常な成長発達を遂げるための成長発達装置です。そして、その発達段階に応じて必要な反射を使い、日常生活動作では影を潜めますが、緊急時にのみ現れる生命維持装置でもあります。しかし、発達障がいの子どもたちには、その原始反射を使い切れずに残ったまま成長している子どもが多くいます。

　この手の反射は、何か掌に物が触れると指を握りしめてしまうなど、お母さんのからだにしがみつくための反射です。手を握りしめる反射は口ともつながっており、握りしめた何かを口に運び赤ちゃんは世界を認知していきます。

　ゆえに手の動きが呼吸やことばとも連動していることが考えられます。

写真2-11 指だけで支えてしまう

写真2-12 手に残る原始反射的な動き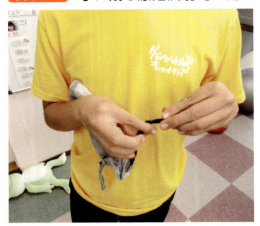

この反射を残したまま成長すると、呼吸やことばに何らかの支障をきたすことも予想されます。逆に考えると手の動きをよくしてあげることで、呼吸やことばの機能も発達することが期待できます。

左右が別人のからだの子ども

　課題に集中すると右半身、左半身が別々のように動き出す子どもがいます。これも、首（頸）の反射が残っていることが考えられます。

　成長発達をすると、日常生活動作のゆっくりした動きや意識的な動きの中では反射的な動きは現れてきません。しかし、発達障がいの子どもの中には、そうした動作の中であっても反射的な動きが出現してしまうことがあります（写真2-13、2-14）。

　とくに、首が向いた方向で力の出しやすさ・出しにくさが極端に現れます。たとえば、首を向けた方向の手足は伸ばしやすく、後頭部側の手足は曲げやすくなります。そしてそういう動きを利用しないと意識的でゆっくりとした動きに集中できません。つまり左右分離した動きが苦手なことがうかがえます。おそらく左右の脳がうまく分離できておらず、右半身、左半身の役割分担がうまく機能していないことも予想できます。どちらか片側だけの半身で日常生活動作から運動・スポーツのあらゆる動作をこなしています。

　おそらく脳への緊張も高まるでしょうし、からだへの負担も大きくなります。それでも見た目にはわかりにくいのです。どうしてそんなにぎこちないのか、どうしてそんなにすぐに疲れるのかと誤解されることがあります。

写真2-13、2-14 左右の分離した動きが苦手な子

写真2-15 顔をそむけてしまう子

空間認知力の未熟なからだ

　キャッチボールなどで頭上からとんでくるボールに反応できず顔をそらしてしまう子どもは、怖がって顔を背けるように見えます。しかし、こんな子どもは恐怖感よりも前庭覚器がうまく働いておらず、「空間の認知力」が未熟であると理解したほうが対策をとりやすいのです。

　ボールとの距離感、キャッチするタイミング、とんでくるボールの速度が予測できないために、顔をそむけてしまう。まさに抗重力運動が未熟なときに起こる症状です（写真2-15）。

　こんな子どもには、地球の重力とどう関係性をつくるかというバランス運動をたくさん取り入れ、前庭覚器を整えてあげると比較的うまくキャッチボールが完成します。「ボールをよく見て」「怖くないから」と声をかけるよりも、バランス運動をたくさん取り入れたあとにキャッチボールを取

り入れれば、恐怖や不安が軽減され空間の認知力を適切に使って動作することができます。

運動企画が未熟なからだ

ひとつ先の状況をイメージして行動を起こすことを「運動企画」と呼びます。自分のからだをこういうふうに動かせばいい、その次はこういうふうに動かせば目的通りの動きが完成される。そういう先のことをイメージして行動を起こすことが苦手な子どもがいます。

たとえば、「マットからはみでないように寝返りをうってください」と指示しても、頭が進行方向に向かっていったり、足側と逆転したりするような寝返りになってしまう子どもがいます（写真2-16）。

また、「ジャングルジム用のたたみを登ってみて」と指示をすると、途中までは登れても、そこから登ることも降りることもできずに動けずじまいになってしまう子どももいます。どちらの子どもたちも次のイメージ、完成のイメージがつくれない運動企画に課題のある子どもです。

こういう子どもはあらゆる動作で「とんちんかん」な動きになってしまったり、イメージができないため行動を躊躇してしまい「おっかなびっくり」な行動になってしまいます。

写真2-16　運動企画が未熟な子

改善策として、目の使い方や次の動作へのヒントを教え続けないと、見守るだけでは習得できません。「からだで感じて、からだで覚える」が運動企画の未熟な子どもには必要です。

低緊張、過緊張なからだ

自分のパーソナルスペースを確保して一日中じっとして動かない子ども、また、逆に、つま先立ちで立つことが多い子ども、じっとしていることができず動き回らずにはいられない子どもがいます。この子どもたちは、筋の緊張度が不安定であることが予想されます。

暗い部屋や、からだのありかがわかりやすい狭いスペースで、座ってい

写真2-17　じっとして動かない子　　写真2-18　つま先立ちで歩く子

られないのかずっと寝たままでいる。こんな子どもは視覚過敏があり、固有受容覚・前庭覚が鈍感なので、そのために活動的になれないことが予想されます。(写真2-17)

　また、つま先立ちで歩く子どもはそうしておかないと足のありかがわかりにくい、かかとを地面につけると痛い、気持ち悪いなどが予想されます(写真2-18)。

　そして、どちらのタイプもその根底に「恐怖や不安」を抱えていることが多いです。これも胎児のときに逃げ場所のない胎内で恐怖をさけるために反射的にからだを丸めて防御する原始反射が残っているとも考えられます。

　自分のスペースや屈筋を緊張させて自分を「守る」防御反応が現れていることが予想されます。こういった子どもには、安心で安全な環境で緊張を和らげる関わりが基本になります。

子どもの一次障がいは「からだ障がい」

　このように、見た目にはわかりにくいのですが、発達障がいの子どもたちには、からだにさまざまな「バグ」を抱えて生きている子どもが多くいます。確かに器質的には脳機能障がい、認知障がいであることは間違いなく、脳になんらかの原因があり、発達障がい、知的障がい、自閉症スペクトラムと区別され、それが一次障がいといわれています。

　しかし、彼らと接していると、彼らが抱えている現実的な困りごとの根幹は認知の高次な部分の障がいよりも、その下層である感覚、知覚、動きといった部分の偏りが一次障がいではないかと感じます。この「バグ」を

抱えたからだを整えない限り、認知の向上や成長はありえないのではないかと思えるのです。

　彼らの一次障がいを「からだ障がい」ととらえ、認知療育が全盛の発達障がいの世界の中で、あえて「からだ療育」「運動発達アプローチ」に特化して彼らのからだ障がいを改善することに取り組んできた結果、あそび・運動・スポーツがからだづくりの有効な「道具」として大きな効果を発揮してきました。

　からだからのアプローチで子どもたちの一次障がいを改善し、ひとりひとりの「認知特性」を引き出し、未来のしあわせな自立につながるような指導を展開していく。発達のピラミッドの仕組みから見ても、からだアプローチがベースをしめるのは明らかです。チットチャットのメソッドはそこに特化した運動発達アプローチなのです。

Chapter 3

チットチャットの 基本運動

チットチャット・メソッドの運動発達アプローチでは、さまざまな手法を用いて「からだ改発」を試みています。ひとつの手技、手法ではなく、ひとりひとりの子どもの違いに適したアプローチをさまざまな観点を用いて提案しています。「やり方（Do）」は無数にあるため、この引き出しを指導者としてたくさん蓄えておくことも大切です。

ここではその中でもチットチャットの基本運動の考え方を紹介します。

8 からだの幹づくり、根っこづくり

枝葉末節が未熟でも大丈夫

　先ほどの赤ちゃん手・赤ちゃん足（39ページ参照）を持ったままの発達障がい児はたくさんいます。この子たちは微細な手先の動きが苦手であったり、足元が不安定であったりすることが予想されます。また日常生活動作にも支障をきたすかもしれません。しかし、おそらくこの手足はどれだけ筋力を強化したところで、改善はできても腱や筋が現れてくることはあまり期待できません。この手足を持って生きていく術を身につけていく必要があります。

　A君は、さまざまなバランス動作ができてはいましたが、赤ちゃん手・赤ちゃん足でした。指導当初、この手足を見てお母さんに尋ねたことがあります。「この手足では日常生活動作でできないことがたくさんあるのではないか」と。すると「いえいえ、すべて自分でやっています」との回答でした。「不器用で、ゆっくりですけど全部自分でやります」と。そして、実際の運動能力を見せてもらうと、確かに彼は「首と体幹の連動性」は身につけており、手足の枝葉末節は未熟でしたが、からだの幹や根っこはしっかりできていると確認できました。

　つまり枝葉末節が少々未熟であっても、幹や根っこができていれば、日常生活動作には困らない、人の手を借りずとも自立できるのです。

　日常生活動作がひとりでできるだけでも、将来「大人が付き添わずに暮らせる」わけです。それだけでも大きな自立の一歩です。

　チットチャットではひとりひとりが将来「それぞれの自立」をすることを目指しています。たとえ経済的に自立できなくても、自分のことが自分でできる、自分でできることをひとつでも増やすことで支援者の手が少なくてすみ、それがそれぞれの「自立」に近づくわけです。

　その要となるのが、からだの幹づくり、根っこづくりと考えています。からだの軸になる部分、木にたとえると幹や根っこの土台部分をさまざまな運動動作を体験、経験することで養っていくことを大切にしています。とくに、すべての動きの要となる「首と体幹の連動性」を重視しています。

　これはどういう意味かというと、たとえば、人がバランスを保って姿勢を保持するときに必ず初動動作としての首の動きが必要となります。人の

からだは、突然前から押されたら反射的にあごを引く、後ろから押されたらあごを上げてバランスをとろうとします。左右から押されたら目は水平に保ちながら首を左右にスライドさせて姿勢を保持しようとします。腕や脚、手や足は枝葉末節の部分となり、主役ではありません。

つまり「首と体幹の連動性」が姿勢保持には欠かせないのです。私たちはさまざまな動きの中からこの連動性を引き出すことを見て指導しています。

9 チットチャットたいそう

　チットチャット・スポーツ塾に通うすべての子どもたちが取り組む幹づくり、根っこづくりの基本たいそうです。

「かえるバランス」「犬バランス」

　バランスボールに座った状態で指導者がボールを前後左右に動かし、その動きに抗してボールから落ちないようにバランスをとって座り続けます。首と体幹下部の連動性をねらっています。これがかえるバランスです（写真3-1）。

　また、できる子どもは四つ這い姿勢で落ちないようにひとりでバランス

写真3-1　かえるバランス

写真3-2　犬バランス

をとって乗り続ける「犬バランス」は、長時間できるようになると首と体幹の連動がしっかりできたことが確認できます（写真3-2）。

　試しにこの姿勢であごの上げ下げをしてみると、そのギリギリのバランスラインを少しでも超えてしまうと「どんな人間でも」前に手をついたり足が後ろに落ちたりします。見た目ではなんてことのない運動に見えますが、適切な首の動きが必要となります。

ブリッジ

　バランスボールを使ってブリッジ姿勢をつくり、腕と体幹上部でその安定性を確保する運動です。この姿勢をとることのできない子どもはバランスボールにもたれるだけ、または、あおむけに寝そべるだけでもOKです。

　重力に抗して自分の姿勢を保持するという観点からもこの動作は有効であり、彼らのからだには十分効果的です（写真3-3）。

　ボールがなくてもできる子どもはその持続時間を強調し、正確な形で長い時間この姿勢を保持することで、首と体幹の連動性を強化させることができます。

逆立ち

　これもさまざまなバリエーションがあります。逆立ち姿勢を怖がったり、腕の支持力が不足するときはバランスボールに脚を乗せたり、指導者が足を持っておこなう腕立て姿勢の状態でもOKです。

　壁を使って足で登っていく壁逆立ちや、指導者に補助してもらっておこなう補助逆立ちでも構いません。体幹の上部と下部を同時につなぐという目的があります（写真3-4）。

　逆立ち姿勢も、首を適切なポジションに持っていき、背中が反りすぎず、揺れ動きすぎず、つま先もまっすぐに天井方向に伸び、両足がぴったりそろうような姿勢で逆立ちするのが目標です。これも、うまく姿勢を保持できる子どもは長い時間やり続けられる支持力を強化したいところです。

　これら3つの体操がうまくこなせるだけでも相当、首と体幹の連動性（からだの幹と根っこが形成されること）が期待できます。どこでも取り組める運動です。ぜひ、生活の中で習慣として取り組んでください。

写真3-3 バランスボールを使ったブリッジ

写真3-4 逆立ちのバリエーション

10 指導スキルに役立つさまざまな特殊テクニック

　発達障がいのある子どもだけに有効な指導スキルなどは存在しません。すべて、人のからだの仕組みや機能から、何が使えるかを考えるだけです。また、使ってみないと実際に使えるどうかわからない部分もあるため、「今、機能するスキル」を探し続けることが成長段階に合わせた指導のための重要なカギとなります。

　ここではまず、人が持っているパフォーマンスを向上させることが可能なさまざまなテクニックを紹介していきます。

マニュアルコンタクト（徒手接触）

　皮膚の中にある触覚器は、筋緊張を高めたり、緩めたりする作用を秘めています。

　その皮膚に触ったり、たたいたり、さすったり、なでたり、抵抗を与えたりすると、その反応が変わって、筋緊張を緩めたり、高めたり、筋バランスを整えたりと、皮膚への刺激ひとつでさまざまな変化をつくることができます。

なでる、さする

皮膚をからだの中枢から末梢にかけて、簡単に毛並みにそってさすってみましょう。たとえば、子どもの片腕を腕の根っこあたりから根の先の方向に向けてやさしく、軽いタッチで数回さすってあげます。これだけで力が出しやすくなり、筋肉が緩み、リラックス効果がでます。また、毛なみにそってさすってから34ページで紹介した筋反射テストやOリングテストで調べてみてもいいでしょう。はっきりと力が入るのがわかるはずです。

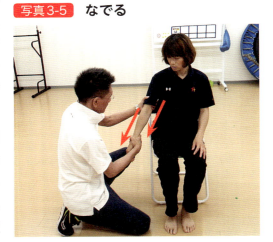

写真3-5 なでる

また、逆に、末梢から中枢へ、毛並みと逆方向にさすると力が入りにくくなります。皮膚をさする方向ひとつで人の筋出力のONとOFFが変わります（写真3-5）。

たたく

指導者がグーの手で、軽く子どもの背骨を首から尾てい骨の方向へたたきます。首から肩の付け根あたりまで軽くたたく、腰の付け根の仙骨から左右の股関節の付け根の大転子までたたく、などといった頭部から尾てい骨にかけて軽くたたくこと（タッピング）を繰り返すと、力が出しやすくなったり、筋肉が緩んできたりします。また、おへそに向かっておなか周辺の筋肉をさすってあげると、前屈がしやすくなったり、力がだしやすくなります（写真3-6）。

これによって、いわゆる神経ー筋ルートが促通する状態が得られます。しかし、逆方向にたたいていくと、動きが抑制されます。動きを活動的にしたり、抑制的にしたいときに使うことができます。

筋の出力を変える触れ方

たとえば、実験的にAさんにBさんの抵抗に対してひじを曲げる運動を

| 写真3-6 | タッピング |

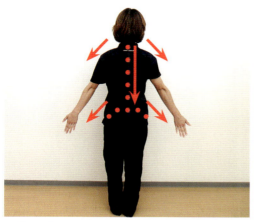

●のポイントを矢印の方向に軽くたたく　　　おへそに向かってさする

| 写真3-7 | アームカール |

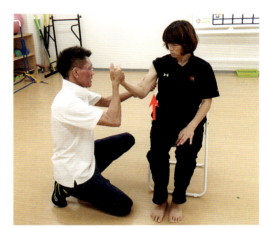

ひじを曲げた瞬間、上腕三頭筋➡にタッチ

　してもらいます。アームカールという動作です。Ｂさんは適切な力加減をもってＡさんのひじを曲げる運動に抗します。この動作を数回繰り返したあと、ＢさんはＡさんが同じ要領でひじを曲げた瞬間に、拮抗筋である上腕三頭筋＝力こぶの部分とは逆の部分に軽く皮膚接触をします。するとＡさんはひじを90度までは曲げることができますが、それ以上は曲げることができないという不思議な体験を味わえます（写真3-7）。

　これは力を発揮した瞬間に、拮抗筋の皮膚に触られるだけで筋出力が変わってしまうからです。つまりＡさんは「だいたいこれくらいの力で腕に力を与えればひじが曲がる」と予測しているのです。そして、その力加減で力を出そうとした瞬間に拮抗筋の皮膚に触られると、ひじを曲げるときの筋出力の比率が50対50になり、ひじを90度以上曲げることができな

写真3-8 子どもの力を無力化する動き

①腕をつかむ

②矢印の部分を触りながら、引っ張ると、勝手に全身がついてくる

くなります。

　これはどの動きに対しても同じ現象を現すことができます。主導動作とは反対側の拮抗動作の皮膚に触るだけで、動きを制御できるのです。逆の主導動作で主導動作の皮膚に触ると、主導動作はパワーアップします。筋出力と同時に「どこを触るか」で、力の出しやすさ、出しにくさを変えることができます。

　これを子どもの指導に使うときは、抵抗して逃げようとする子どもの手と上腕三頭筋を保持して、「大丈夫、こっちにおいでよ」といった声かけと同時に引っ張ってあげると、まるで「無力化」されたように子どもはついてきます。力が入らない状態を無意識につくれるからです。

　抵抗する子どもの力は「無力化」し、指導者のからだは「有力化」します。その関係性をからだで伝えるのに役立ちます（写真3-8）。

ぶつける、はがす

　人のからだには200個近い骨があり、その骨と骨がつながりあって関節、骨格を形成しています。そして、その関節をそれぞれの方向に動かすために筋肉や腱が機能しています。筋肉の引っ張り具合で緊張とリラックスを調整しています。

　そして、この骨と骨との結合部＝関節は凸凹の関係にあり、ボール＆ソケット状態になっています。この関節を引っ張ると関節はけん引され、筋肉はリラックスします。しかし、引っ張るだけでなく、引っ張ったり、ぶ

つけたりの動作を繰り返すと、その関節にまつわる筋肉がすべて活性化されます。

たとえば、肩関節、腕をガッツポーズ、選手宣誓の位置に持ち上げ（肩のゼロ・ポジション）、そのポジションで他者に肩関節の圧縮とけん引を数回繰り返してもらいます。その直後、肩をぐるぐる回したり、柔軟性をチェックしてみたり、筋反射テストで力の入り具合を確かめてみると、プラスの改善、変化をしていることが体感できます。

他の関節でも同じ作用があります。これは関節の中にある固有受容器が刺激を受けて、活性化した証です。つまり、固有受容器は関節をぶつけたりはがしたりすることで活性化するのです。

表も裏も＝継時誘導の活用

人のからだは裏表の関係にあります。主導筋があれば拮抗筋があり、それらが協働して働いて、関節の円滑な曲げ伸ばしができ、骨格が円滑に動くのです。つまり表裏一体の関係で成り立っています。表もやれば裏もやりましょう＝表にいきたかったら、強くしたかったら、裏にもいきましょう、やりましょう、という作用です。

前屈運動を例にしましょう。長座した状態でひざをしっかり伸ばし、前屈をします。通常、ストレッチングなどの柔軟体操では、さらにゆっくりと息をはきながら前屈を繰り返します。または、パートナーに背部を押してもらいながら前屈範囲を広げようとします。しかし、こうした静的ストレッチングは、リラックス効果はありますが、筋の出力を落とし、力がでにくくなります。最近は、運動・スポーツの前におこなうのは不向きであるといわれています。

それよりも、表裏一帯の関係を利用して、前屈動作のあとにうつ伏せになり、腕立て姿勢のようにからだを反らせる運動をおこなうのです。可能であれば、後屈するときにひざも曲げ、エビ反りのような状態になります。つまり前屈動作と後屈動作を交互に繰り返すのです。そうすると前屈の可動範囲はもちろん、力の出しにくさも改善されます。おまけに後屈動作にも同じ改善が見られます（写真3-9）。

この反応のことを「継時誘導」と呼びます。人の動作は「表もやれば、裏もやりなさい」がもっとも効率的であるのと同じ考え方です。そして、この考え方も運動・スポーツ指導にいろいろ応用することができます。うまくいかない方向の動きをする前に、うまくいく方向、やりやすい方向に

写真3-9 前屈→反り

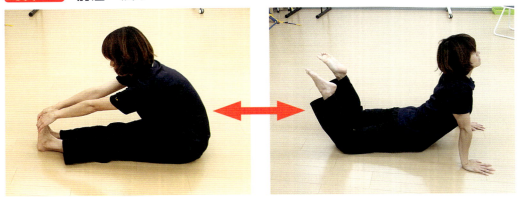

前屈、後屈を交互に繰り返す

動いてから動くということを繰り返すと、悪いほうの動きが改善する可能性が高まります。

交差神経支配

　人の発達のゴールは、左右分化した機能の獲得です。右脳と左脳が分業して、目的の動作が完了できます。こういう分業制が整ってくると、左右交差する関節、対角線の関節などが関係性を持ってきます。もともと四足動物だった人間は、交差や対角線上の関節を協働させて使うことで行動を起こしていました。二足歩行になった現在もそのなごりがあります。

　たとえば、歩行時には右手が前、左手が後ろにふられると、その対角線方向の左足前、右足後ろと交差した動きで通常歩行をおこないます。その他の動作であっても交差、対角線の関節はお互い協働しあっています。たとえば、右の肩の動きをよくしたければ、左の股関節の動きをすることで結果的に右肩の動きもよくなります。その逆でも同じ効果がでます。これを「交差神経支配」と呼びます。

　脳血管障害の後遺症などで片麻痺になられた方などは、患部を積極的に動かすことよりも、健常側の動きをどんどんアップさせるほうが、交差神経支配が働いて患部側も改善しやすくなります。この考え方も運動・スポーツ指導に応用することができます。

リズミックスタビリゼーション＝同時収縮

　今流行の体幹トレーニングとは、あるポーズをずっと維持して筋肉の長さを変えずに収縮させる、アイソメトリックな収縮を使った運動です。細かく分析すると、ひとつの関節に関わるすべての筋肉が「同時収縮」することで筋バランスを整えようとする考え方です。そういう意識を持ってトレーニングをすると、たいへん効果的なトレーニングになります。

　たとえば、肩関節のゼロ・ポジションに腕を上げさせて、指導者が「動かないように止めておいて」といいながら、上下、左右、前後などの方向にランダムに軽く抵抗を加えます。肩の関節の筋バランスがよい人は、ゼロ・ポジションから外れることなく肩を固定することができます。しかし、筋バランスが悪い人は止めることができません。または、一方向にしか止められないという現象が起こります。

　この同時収縮はバランス運動の基本の考え方となります。からだがどの方向に動いても、その姿勢にまつわるすべての筋群が同時に収縮を起こすことが、「ぐっとふんばる」や「ずっとキープする」の筋作用となります。そして、筋バランスがとれた状態になると、神経と筋のつながりが促通*した状態になり、感度のいい状態になります。

　たとえば、船の上でバランスをとって立ったり、ランニングマシーンの上でまっすぐ走ったりしたあとに地面に立つと、足が軽くなった感じが体感できます。この感じが、脚が促通した状態です。からだはずっと同時収縮した結果の感覚です。バランス運動の考え方を子どもへの指導に活かしましょう。

インナーマッスルとアウターマッスル

　関節の深部で骨と骨を根っこでつないでいるのがインナーマッスルです。一方、アウターマッスルは外からも見える大筋群で、関節とは若干離れた部分に付着部を持っています。

　インナーマッスルは小さい筋肉で関節の根っこの部分をつないでいるのと同時に、関節の回旋動作を担当しています。アウターマッスルは逆に、大筋群が多く外からも触ることができ、関節の遠位部分に付着し主に直線的な動きを担当しています。この２つの筋群が自転車のチェーンのように働いて、効率のよい、機能的な動きが完成します（図3-1）。

　しかし、発達障がいの子どもはこのチェーン機能がうまく働いていない

＊促通
神経筋の接合部に複数の刺激を加えると、その効果が単独の刺激の効果の和よりも大きくなる現象。

Chapter
3
チットチャットの基本運動

55

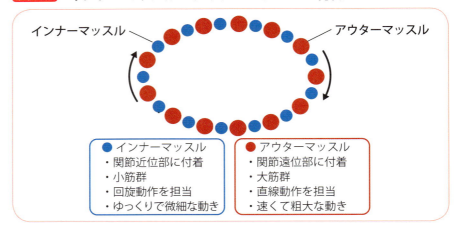

図3-1 インナーマッスルとアウターマッスルの特徴

● インナーマッスル
・関節近位部に付着
・小筋群
・回旋動作を担当
・ゆっくりで微細な動き

● アウターマッスル
・関節遠位部に付着
・大筋群
・直線動作を担当
・速くて粗大な動き

ことが多く、とくに、インナーマッスルが担当する回旋動作が苦手な子どもがたくさんいます。うまく関節をねじることができないため、バランス運動や微細な動きができません。逆にいえば、回旋運動を引き出す動きをたくさん課題の中に取り込み、その使い方を学習させるのも効果的です。

目のワーク

　視覚機能は感覚器の中でももっとも高次な部分に位置しています。自閉症スペクトラムの子どもは視覚機能がすぐれているといわれます。しかし、彼らと接して運動発達アプローチをしている中で感じるのは、感覚の土台にある前庭感覚や固有受容覚、触覚などの感覚器が弱すぎて「視覚に頼らざるを得ない」からだになっているということです。

　実際、そういった土台の感覚器が運動・スポーツを通じて開発、整備されてくると、視覚的な支援が少なくてすみます。あるいはほとんどいらなくなる子どもをたくさん見てきました。

　また、目の機能はインナーマッスルにも大きく関与することも経験してきました。たとえば、ペンギン歩き、あひる歩きのように股関節を内にしぼった状態（内旋）、外に開いた状態（外旋）で前後歩きをしてみます（写真3-10）。その後、目のワークとして目の前から20cm程度離れたところのペン先を左右、上下、手前奥に、素早くランダムに動かし、それを目で追うワークをおこないます。

　その後、先ほどのペンギン歩き、あひる歩きをすると歩きやすくなり、

写真3-10 ペンギン歩き、目のワーク

外旋

内旋

　肩の力が抜けてスムーズな動きを体感することができます。とくに、ねじる動作がやりやすくなっていることに気づかされます。目の動きと回旋動作に関連性があることが理解できます。

　つまり、目を意識して動かす運動をおこなうと、回旋動作が円滑におこなわれる可能性があるのです。回旋動作を引き出したい運動の中に目の動きを意識した指示をすることで、それが可能となります。

11 腔の理論

　さとう式リンパケア発案者の佐藤青児氏は、人のからだは４つの腔（筒）でできていると考えています。この４つの腔が規則正しく積み重ねられているのがバランスのとれている状態であり、４つの腔がバランスを崩した状態でいると動きを停滞させる、という考え方です（図3-2）。

　とくに、バランスが崩れる原因として屈筋群（主に腕や脚などを曲げるときに使用される筋肉の総称）の緊張をあげており、この緊張を和らげることが４つの腔のバランスを保つカギとなるようです。とくに、恐怖や不安を抱え緊張状態が続く子（86ページ参照）には有効な考え方で、微弱な皮膚接触や気持ちよく屈筋群をゆらしたり、さすったりすることで緩めていく施術も紹介されています。

具体的に緩めるポイントは、屈曲した状態を開く方向に動かす運動が効果的です。以下は4つの腔を整える一例です。

耳たぶ回し＋あによべたいそう

両耳の耳たぶの付け根を軽くつまみ、開く方向に回しながらややあごをあげて「あ、に、よ、べ」と口を動かします。あご周辺（口腔）の筋肉が緩みます（写真3-11）。

肩回し＋腕前後ふり

両肩に軽く手を置き、開く方向に肩を回します。それに加えて、掌を前に向けて腕を前後にふります。肩周辺の筋肉（胸腔）が緩みます（写真3-12、3-13）。

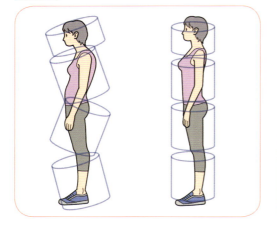

図3-2　腔の考え方

写真3-11　あによべたいそう

写真3-12　肩回し

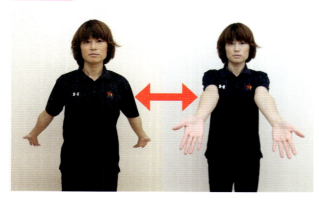

写真3-13　腕前後ふり

シェーたいそう、オーレたいそう

　肩と骨盤のラインが一直線になるように横向きに寝ます。上側の足を軽く曲げ、ひざの内側が地面にこすれるように、自転車をこぐ要領でひざを動かします(写真3-14 シェーたいそう)。その姿勢から上半身を軽く開き、手を斜め後ろに持っていきます。その手を見ながら、その姿勢で同じように自転車こぎの要領でひざを動かします(写真3-15 オーレたいそう)。どちらの体操も股関節の深部筋(股腔)＝大腰筋に効果的です。

足指ワイワイ

　足の親指と残りの４本を両手で保持し、開く方向に動かします。足首周辺の筋が緩み、からだ全体の腔が整い、力が入りやすくなります(写真3-16)。

写真3-14　シェーたいそう

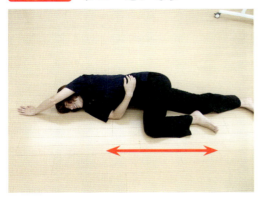

写真3-15　オーレたいそう

写真3-16　足指ワイワイ

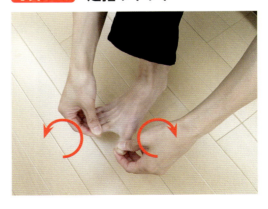

12 道具を使わない「動き」が基本

指導プログラムを考えるとき、最初から指導者の嗜好や思惑、勝手な解釈で子どもをはめ込まないことがなにより大切です。そして、指導者としてはいくつもの指導オプションを準備しておくことも大切です。指導の引き出しがきれてしまったらアウトです。指導の引き出しはしっかり準備すれば無数にあるのですから、そのこと自体が考えること、準備することを放棄していることになります。指導者としては失格です。

そして、その指導オプションの中のもっとも大切な基本は、道具を使わずにできる「動き」を考えることです。そこに何も道具がなくても、子どもの動きややる気を引き出す何かを準備しておかないといけません。

道具を使わない動きを考えるときヒントになるのが、「動物」としての進化をたどった動きです。具体的には、次のようなものが考えられます（写真3-17）。

写真3-17　動物の進化の動き

ゆらす
魚類の動き→金魚運動

はねる
両生類の動き→かえる運動

はう
爬虫類の動き→とかげ歩き

はばたく
鳥類→わし運動

かける
霊長類→さる歩き

あるく
はしる
はねる
人間→2足歩行
（前後、上下、左右、交差運動）

これらの「動き」を応用して、二人一組でやってみる、グループでやってみるなど工夫して持ち込むと、成長発達に即した動きを提案することができます（図3-3）。
　また、人間の成長発達の動きもヒントになります。
- 胎内 ➡ 丸虫運動
- 出生 ➡ 仰向け屈曲伸展運動
- 仰向け ➡ シーソー運動
- 寝返り ➡ 芋虫ごろごろ
- うつ伏せ ➡ ロッキング
- 四つばい ➡ はいはい
- 立ち上がり ➡ 高這い
- 立つ ➡ 歩行、走る、スキップ、ケンケン、ジャンプなど。

（写真3-18）

図3-3　人間の成長発達の順序

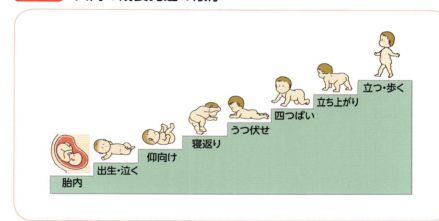

写真3-18　人間の成長発達の動き

胎内→丸虫運動

出生→仰向け屈曲伸展運動

仰向け→シーソー運動

寝返り→芋虫ごろごろ

うつ伏せ→ロッキング

四つばい→はいはい

立ち上がり→高ばい

立つ→歩行、走る、スキップ、ケンケン、ジャンプなど

13 発想力、創造力ワーク

　発達障がいの子どもにかかわらず、「スポーツはみんなのもの」という指導を目指すとなると、さまざまな価値観の枠組みを外す必要があります。たとえば、運動・スポーツ道具・器具の使い方は一般的には決まっています。

　しかし、とおり一辺の使い方しかしないと、たちまち指導オプションのストックがなくなってしまいます。道具ひとつとっても、豊かな発想力と創造力を働かせて使用しないといけません。

　そのために、常日頃から「この道具でいったいどんなあそびや動きが考えられるか」というワークを実践することをお薦めします。

　たとえば、バランスボールを使っていったいどれだけの「あそび、動き」が編み出せるか？　最初は、常識にとらわれない、自分の固定観念を破壊するためにも非常識な使い方でOKとします。とにかく自由な発想で、できるだけたくさん創造するトレーニングをします（図3-4）。

　そして、その発展型として、バリエーションをつけて発想・創造する練習をしていきます。

- 複数の道具を組み合わせて何ができるか？　たとえば、バランスボールとカラーコーンでは……。
- 子どもの特性に当てはまるにはどんな使い方があるか。
- 1分間の間にいくつ発想できるか。

図3-4　バランスボールでどんなあそびができる？

一般的な使い方
- 乗る
- またがる

オプション
- ドリブルする
- 投げる
- 蹴る
- たたく
- 壁につけておなかではさむ
- ヘディング

14 ベビーステップで進める

　発達障がいの子どもたちは、我々の予想以上に変化の差に弱いです。「この程度ならできるだろう」と「この課題は適切だろう」と提案しても、難

1 その場でバウンドキャッチ

2 バウンド or 1バウンドのボールをキャッチ

3 板ラケットでヒットする感じを体感させるため、補助してワンバウンドラリー

4 板ラケットで1球打ち。グリップを決める

5 板ラケットでラリーに持ち込む

6 シェイクハンドラケットを両手で持ちラリー

易度が実力をはるかに超えている場合もあります。

実力＋1の課題をベビーステップで提案していきながら適切な課題を見つけ出す指導が必要です。そのために、ある動作を完成させるまで、いったいどのくらいステップがあるかを細かくあらゆる角度から評価、検証するワークがあります。

下は、卓球のラリーを完成させるためのベビーステップの一例です（❶〜⓫）。

7　フリーハンド（たとえば、右利きなら左手）を台上に置き、台の縁を握らせてシェイク、ペンホルダーのどちらかのグリップを決めてバックハンドでラリー

8　ネット代わりに低い棒を置いてラリー

9　台の縦方向を使ってバックハンドラリー

10　フォアハンドも混ぜてラリー

11　両ハンドのラリー完成

通常はホップ→ステップ→ジャンプの３段階程度でできる課題を、もっと細かく刻んで提案する必要があります。

　細かく刻みすぎても、大雑把にステップアップしてもダメです。まずは実力ギリギリの課題までショートカットし、その後のベビーステップが重要です（図3-5）（図3-6）（図3-7）。

図3-5　ケンケンをするためのベビーステップ

● 片足だちできるか
● 両足ジャンプはどうか
● どちらの足が利き足か
● 片手を補助してどの程度の安定感があるか
● 補助の手を物に変えたときどの程度の安定感があるか
● 途中で補助の手を外すとどのようになるか
● ひとりでさせてみてどのようになるか

図3-6　平均台を渡るためのベビーステップ

● 高い台の上に立つことができるか
● 地面に引いた直線を歩くことができるか
● 低めの平均台を渡ることができるか
● 片手補助をして渡ることができるか
● 降りるときだけ補助をして渡ることができるか
● どの程度の補助で渡ることができるか
● ひとりで渡ることができるか
● 距離を延ばして渡ることができるか

図3-7　バランスボールでドリブルするためのベビーステップ

● 自由にさせてみてどんな状態か
● 指導者が補助して１回のバウンドキャッチができるか
● 自分でバウンドキャッチができるか
● どちらが利き手か判断できるか
● 補助してドリブルができるか
● ドリブルのタイミングがとれているか
● その場で静止してドリブルができるか
● 左右交互にドリブルができるか
● 静止したり、動いたりしてドリブルができるか

15 メソッドのルール

チットチャット・メソッドでは1対1の個人指導が基本です。さまざまなタイプの子どもの「今日、何がやりたい」「今、どんなことに興味がある」からプログラムをつくっていくスタイルなので、指導者には瞬間対応型でアドリブ的な指導が要求されます。

そのため指導者には子どもの様子をくまなく観察する、カメレオンのような観察眼＝「カメレオン・アイ」が必要です。

入室時、どんな雰囲気で入ってきたか、何に興味がありそうか、体調はどんな感じか、どんなふうに道具を持ってきたか、指示の通り具合はどうか、運動に取り組む姿勢はどうか、運動能力はどの程度のものかなど、今の様子のすべてを瞬間的に読み取らないといけません。そして、今、適切な課題をよどみなく提案していく必要があります。

下の4つのメソッドはチットチャットでおこなっている共有ルールです。

5秒アセスメント

たとえば、その観察から子どもの今の評価を5秒程度で察する＝「5秒アセスメント」。そして、そのアセスメントから選択した課題の提案を実行してもらい、適切かどうかを試すことを繰り返しています。その課題が実力に見合った課題なのか、簡単すぎないか、難しすぎないかを瞬時に判定し、合っていなかったら課題を即座に変更することを繰り返していきます。

5回ルール

また、5回以上ミスを繰り返したら課題を修正するルール＝「5回ルール」も設けています。なぜなら、ミスを繰り返す動きは「ミスの神経回路をつくる」ことになるからです。成功の神経回路や練習をすることが「できるからだづくり」につながるわけです。

15秒ルール

また、課題の提案と提案の間も、間があきすぎてしまうと子どもとの関係性がとだえ、こちらの意図通りの進め方ができなくなってしまいます。子どもを「とばしてしまう」状態です。そうなるとまた、関係性のつくり直しに時間を要します。それを防ぐために、少なくとも15秒以内に次の課題を提案すること＝「15秒ルール」もルール化しています。そのためには、一手も二手も先を予測して指導を進めていくことが必要です。指導者の頭の中は常に高速回転しています。

ショートカット理論

また、適切な課題につきあたるためには、できるだけ子どもがやる気や納得、自主性や主体性を持って取り組める課題をショートカットして探しにいかないといけない＝「ショートカット理論」は、何度も繰り返し述べてきました。そのためには、機能しない課題は潔く捨てることが必要です。

しかし、指導者としての固定観念が強く、柔軟性がない指導者はこの「捨てる」ことが苦手です。いつまでも自分の枠組みにはめ込もうとミスの練習を繰り返したり、やらされ感が充満する課題にこだわったりすることがあります。とくに、こういう指導者にありがちなのが、できていないのにほめる「空ほめ」、指導者だけが異質なテンションで盛り上がる「空盛り上げ」、それでいいんだよという「空承認」、これらもよくありません。

我々は、子どもの未来のしあわせな自立を願っています。そのためのトレーニングを幼少のときからはじめています。できた、できていないは、子どもが一番わかっています。本当にできたと感じた瞬間は、発達障がいの子どもであっても、できた顔をします。逆に、空ほめをしてしまうと「大人はテンション上げて盛り上げてくれる」「大人は常に自分をほめてくれる」と感じ、そんな環境の中で指導することで、子どもは「こんなもんでいいんだ、これでできてるんだ」と誤学習をしてしまいます。

それが積み重なると、自立しないといけない時期になって誤解した行動を起こすことにつながります。この諸悪の根源は指導者、大人の空ほめ、空盛り上げ、空承認です。重大な大人の責任となります。

そうならないためにも、本当にできた瞬間に子どもをしっかりほめ、社会の中の営みと同じテンションで、できてもできなくてもその課題に自主

的・主体的に取り組んだことを承認し、自問自答、試行錯誤する力をしっかり蓄えていく。そういった指導を提供し続けないといけません。

あくまでも子どもが主役で、指導者は後方支援役に徹する必要があります。

そして、こうしたメソッドのルールを駆使した指導の中で指導者の腕の見せどころが「一発で変える、一言で変える」目利き力です。「環境設定をひとつ変えただけでできた」「一言のアドバイスで完成した」など、指導の中にこのような瞬間がつくれたとき、子どもはまるで魔法にかかったような動きを現します。もちろん、周りで見ている保護者や家族、指導者からも歓声が上がります。この瞬間をつくるのが、指導者冥利につき、指導の醍醐味となります。

この瞬間をつくると子ども、指導者、保護者、支援者、すべての人が同じ方向を向き、好循環をはじめます。この魔法の瞬間をいかにつくるかが究極の目標です。子どもたちに魔法をかけるのです。

16 やり方（Do）よりもあり方（Be）

指導者はどうしても指導のスキルやテクニックといったハウツーをたくさん引き出しとして持ち、そのハウツーの量が多いほど指導力があるとされがちです。もちろん指導の引き出しをたくさん持つことはアドバンテージにつながり、ひとりひとりの違いに合わせた指導には役立つ場合もあります。

しかし、問題はそのときそのときの子どもの変化に応じて変幻自在、自由自在に指導を編集していける力があるかどうかです。そうあるには、「この子どもをどう変えたいか」「この子どもの未来のために今何が必要か」「その変化をつくるために自分はどう変化していくのか」などなど、指導者の人間力の存在が大切です。

たとえば、提案した課題に子どもが納得して取り組めなかったり、なかなか「できた体験」を感じさせられなかったときに、指導者が「もっとがんばれ」「もっとねばれ」「あきらめるな」「自分から逃げるな」といって激励したとします。

しかし、その指導者自身が「がんばれない」「ねばれない」「あきらめる」

「ごまかしたり、逃げてばかりいる」ようであれば、その指導はどうでしょうか。やり方ばかり知っていても、その指導者のあり方があきらめない姿勢を体現していなかったら、その指導は指導ではなく、「指導もどき」です。人づくり、自立のための指導ではなく、自己満足、自己承認のためだけの指導になってしまいます。

　逆にいえば、ものの見方、考え方という「あり方」が変われば、「やり方」を変えようとしなくてもその「やり方」は重みを持ち、深く伝わるようになります。

　「あり方」を磨き上げると、「やり方」も自然に変わってきます。「あり方」を見直し、「やり方」に味をつける。指導力よりも人間力の探究が必要なのです。子どもたちはそんな我々のあり方を、ものの見事に察知します。彼らは我々指導者の審判です。

17 あり方は人育てに表れる

　チットチャットの指導では指導力＝やり方だけでは、なかなか結果が出ないことにいつも直面させられます。発達障がいのある子どもは、その全感覚器をもって我々をいつも試してきます。やり方だけ工面しても、その人間力＝あり方が整っていなければすぐに見破られます。もちろん、そうなるとこちらの意図通りには動いてくれません。

　逆にいうと、「うまくできていない」「意図通りに指導できない」をストレートに表してくれるので、指導の良し悪しがすぐに理解できます。

　いくら高い指導力を持っていてもあり方が未熟な指導者は、一様にして自分本位、自分勝手な解釈でしか指導していないことが多いです。自己満足で一方通行的な考えで行動しています。もちろん指導はうまいと評価されるのですが、「人を育てる」という観点からはずれてきます。

　また、指導力も人間力も未熟な場合、マニュアルや教科書に頼らざるを得ず、今後の努力や勉強が必要です。

　また、あり方はなっていても指導力が薄い場合、愚直に素直に指導力を磨く必要があります。また、このタイプの指導者はまじめで、実直な質を持っているので、目指す目標、目的さえ明確に見えていれば、ふさわしい指導者になることができます。

そして、我々が目指すべき指導者像は、指導力も人間力もすぐれた指導者です。有言実行が真髄で、「人間」の見本や「生き方」の見本に値する指導者が目標です。教える人でもあり（教師）、育てる人でもあります（育士）。そして、このタイプの指導者は必ず生き方やあり方を「探究」する人です。「まだ何かないか、次何が創れるか、もっと見えるものはないか」など、常に前進を続け、勉強し哲学する人です。「探り、究める」行動を止めない人です（図3-8）。

　そういう探究を続けるからこそ、子どもたちや保護者に支持、支援されて、しあわせな瞬間、やり甲斐のある時間を味わうことができます。指導者は「深究」を続けることが常に求められます。

図3-8 **目指す指導者像**

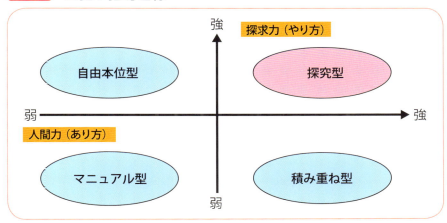

シンクロニシティー理論

　人の意識は「意識」「無意識」「集合的無意識」という構造になっています。氷山モデルとしてよく例えられます。

　意識して見えたり、聞こえたり、感じたりして、意識的にその情報に集中して得られる部分は、氷山にたとえると見えている部分です。そして、その下には「無意識」のレベルがあります。気づかずにかってにからだの中に起こっているさまざまな事象、感覚、知覚、情報など、見えている氷山の下部に存在し、土台を形成しているのが「無意識」の世界です。この「意識」「無意識」の氷山がひとりの人間意識を形成しています。

　そして、無意識のさらに奥底で意識をつないでいるのが、「集合的無意識」レベルとよばれています。これは「意識の深い深いところでは、人も自然も植物も動物も生物も、みなつながっている」という考え方です。

　たとえば、ある意識や思い、志が強烈に高まってその臨界点を超えると「集合的無意識」が働き、シンクロ現象がおこるということなのです。

　つまりシンクロ現象が起こると、同じ志や意図をもった行動や変化が、まったく違う地域の違う環境で同じ現象として起こるということなのです。世界をこうしたい、あのように変化をつくりたいという現象がある一定数をこえると、違う地域や知らない世界で同じことがおこります。そして、その大きさが結果的に「変革、改革」につながるというのです。

　私は「スポーツはみんなのもの」を意図して活動しています。しかし、なかなか日本のスポーツ文化は変わらず、変える力も我々にはまだありません。それで子どもたちにはその想いを胸に日々、「変えたいことを実践しよう」と共有しあっています。もしその「想い」が臨界点に達したら、「変化、改革」を実現できるかもしれません。

　実は、私の大きな目標は、このシンクロニシティを起こすことです。とくに、「スポーツはみんなのもの」からはじまり、ひとりひとりの違いに合わせた「最近接発達領域へのアプローチ」を当たり前の考え方にし、ひとりひとりが自由の相互理解をする中で「ポストでベスト」な生き方を送れる時代を作り続けていきたいと思っています。

Chapter

4

特性・
タイプ別指導

この章ではチットチャットの指導実績から気
がついた子どもたちの特性、傾向を4つのタ
イプにわけた独自の評価法をお伝えします。
ひとりひとりの違いに合わせた指導を、的を
外さず質に合うものにするための考え方です。

18 タイプ別機能する指導スキル

運動能力とコミュニケーション能力から分析した4つのタイプ

　チットチャットでの基本は「ひとりひとりの違いに合わせた指導」をおこなうことだと述べました。千差万別の子どもたちの気質や成長発達に合わせて、指導内容をその日、そのときに変えていくのが特徴です。いわゆる「最近接発達領域」へのアプローチ（10ページ）によってそれを可能にしていきます。

　日々、たくさんの子どもたちと接していると、知らぬ間に我々は子どものタイプによって指導の「傾向」があることに気づきました。

　そして、その「傾向」を明確にする作業の中で形になって現れたのが、子どもたちの4つのタイプでした（図4-1）。

　　分析派タイプ＝Analyzer Type ／Aタイプ
　　コツコツタイプ＝Babystep Type ／Bタイプ
　　個性派タイプ＝Character Type ／Cタイプ
　　こだわりタイプ＝Defensive Type ／Dタイプ

　チットチャットでは、初対面の子どもの得意なところと苦手なところを把握するためにアセスメントシート（76ページ）を採用しています。これを保護者の方に記入していただき、スタッフがそのシートをみて子どものタイプを探る作業をしていきます。

　運動能力と認知能力の大まかな分析ですが、だいたいのタイプをこの

図4-1　子どもの4タイプ傾向

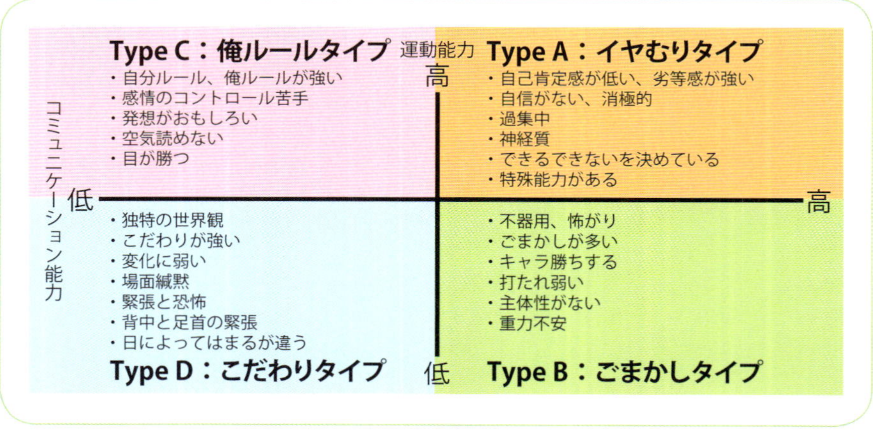

Type C：俺ルールタイプ（運動能力 高）
- 自分ルール、俺ルールが強い
- 感情のコントロール苦手
- 発想がおもしろい
- 空気読めない
- 目が勝つ

Type A：イヤむりタイプ
- 自己肯定感が低い、劣等感が強い
- 自信がない、消極的
- 過集中
- 神経質
- できるできないを決めている
- 特殊能力がある

コミュニケーション能力（低／高）

Type D：こだわりタイプ
- 独特の世界観
- こだわりが強い
- 変化に弱い
- 場面緘黙
- 緊張と恐怖
- 背中と足首の緊張
- 日によってはまるが違う

Type B：ごまかしタイプ（低）
- 不器用、怖がり
- ごまかしが多い
- キャラ勝ちする
- 打たれ弱い
- 主体性がない
- 重力不安

シートで推測できます。

　子どもたちのアセスメントをデータにして、縦軸に運動能力、横軸にコミュニケーション能力のマトリクスをつくってみました。縦軸の運動能力は、　３つのチットチャットたいそう（47ページ）がどの程度できるかを基本に、他の運動種目への取り組み方も参考に確認しあっています。横軸のコミュニケーション能力は、ことばでの会話が成立することに加えて、ことばでなくても指示理解や意思表出のスキルを持ち合わせており、おりあいをつけて行動する力として確認しあっています。

　こうして４つのタイプの視点であらためて子どもたちを観察してみると、驚くほどそのタイプの「傾向」が現れていることに気づかされました。

　そして、この「傾向」を指導の入り口とし、子どものひとりひとりの質に合わせた指導の共有化が図れるようになりました。入り口や質を間違えずにとらえることで、マニュアルやシステムがない我々の指導内容の統一化が図れるようにもなってきました。このタイプ分けすることで、「違い」に合わせたさらに深みのある指導が提供できるようになってきました。

　タイプに分けるといっても、すべてのタイプの子どもが、多かれ少なかれすべてのタイプの「傾向」を持ち合わせています。タイプＡの子どもでもＢ、Ｃ、Ｄの特質を持っています。ただその「傾向」が強いということだけです。また成長発達とともにタイプも変化していきます。決して固定的な評価尺度ではありません。

4つのタイプの指導スキル例

　４つのタイプの傾向に合わせて指導プログラムを考えることが、ひとりひとりの質に合った指導を提供するのに効果的です。それぞれの長所を活かしながら、苦手な部分へのアプローチも加えていくことで、トータルなパフォーマンスの向上が期待できます。

　これから４つのタイプの指導スキルを例にします。指導者はすべてのタイプに対応できる指導スキルを習得するのが基本です。指導者が特定のタイプの指導しかできないのでは力不足です。また、ＡタイプだからＡタイプだけの指導スキルに固執してしまうと、一方通行の指導になりかねません。そして、子どものタイプも日々、変化し進化します。その成長発達に合わせた「違い」をしっかりと見分けて指導にあたることも大切です。

アセスメントシート

名前：

記入者：

生年月日：（　　歳　　カ月）　性別　女・男　　　　　　　　記入日：　　年　　月　　日

運動スキル	できない	少し手伝いが必要	できる	その他
高い場所へ飛び登ったり降りたりする遊び				
ボールを受ける、投げる				
片足で2〜3秒以上立つ				
ブランコをこぐ				
でんぐりがえし（前転）				
ケンケン（左右両足で）				
自転車（補助輪なし）に乗る				
鉄棒（前回り）				
跳び箱（開脚とび）				
縄跳び（前とび）				
相撲のように、からだがぶつかり合う遊び				
綱引きのように、思いっきり力を出し切る遊び				
力強く抱きしめられたり、撫でられたりするふれあい遊び				

性格や行動面	普通	やや	とっても	その他
とてもおとなしい性格である				
思い立ったらすぐに行動する衝動的な性格である				
ぼーっとしている				
気分の変化が激しい				
気を張りつめている様子で、ピリピリと緊張した雰囲気である				
不安な感じで、びくびく、おどおどした雰囲気である				
嫌なことがあったとき、気持ちを切り替えることが難しい				
何事にも自信がない				
何事にも自信過剰である				
注意散漫で注意集中ができない				
ひとつのことに集中すると他のことができない				
ことばでの指示が理解できる				
ことばでのコミュニケーションができる				

運動面	普通	やや	とっても	その他
力加減が苦手である				
手元を見ずに物を操作することが苦手である				
転びやすかったり、簡単にバランスを崩しやすい				
からだが柔らかく、ぐにゃぐにゃしている				
からだの動きが硬く、ぎこちない				
身のこなしが悪い				
自分の運動能力ではできそうにもないことを、無謀にもやってみることがある				
肩、ひじ、ひざ、踵などのからだの名称を理解していない				
体操のとき、手足の姿勢がいい加減で、からだの曲げ伸ばしが不十分である				
動いている物を追いかけたり、捕まえたりすることが苦手				

19 分析派タイプ＝ Analyzer Type／Ａタイプ

Chapter 4

特性・タイプ別指導

　運動能力が高く、コミュニケーション能力も良好なＡタイプの子どもの傾向としては、まず「自分のできる、できないを決めてかかっている」ことがもっとも特徴的です。

　できる能力があるはずなのにやろうとしない、「いや、無理」が口癖にあります。そのため自己肯定感や自信が低く、神経質で消極的であったりします。何事も自分の決めた枠組みの中だけで生きようとします。それは、人との違いが理解できるからこその彼らの防御反応かもしれません。

　しかし、何かひとつごとにはまると夢中になり、過集中できる要素も持っています。夢中になったことには分析、探究することができ、指導者にあれこれ指導されなくとも自分で課題や問題を切り開くタイプです。

　特殊な感覚器を持ち合わせている子どもも多く、「2km先のクジラが見える」「水のにおいの違いがわかる」「隣の部屋の人の会話の内容が聞こえる」など、異質とも思える敏感な感覚器を持ち合わせている子どももいます。その過敏な感覚情報のため「自分の枠組み」で生きていかないとつらく苦しいのかもしれません（図4-2）。

図4-2　Ａタイプの特徴

Type A：　イヤむりタイプ

- 自己肯定感が低い、劣等感が強い
- 自信がない、消極的
- 分析、探究が得意
- 過集中できる
- 神経質
- できる、できないを決めている
- 特殊能力がある

タイプAに機能する指導スキル

　タイプA「分析派タイプ」に機能するスキルですが、自分ができることを決めている子どもが多いので、とにかくその主張は尊重しましょう。指導者が「こうしよう、ああしよう」と指示しても、納得して動かなかったり、動いたとしても集中して取り組めないことが多いため、常に「問いかける」姿勢がタイプAの子どもには適しています。

　自問自答、試行錯誤しながら課題に取り組む場面を多くつくることで、「分析派」の特質を活かせる場面がでてきます。申告した目標や到達点に達したら「自己採点」させ、次への課題へのきっかけにするのもいいでしょ

う。「今の何点だった？」「じゃあ、次どうする？」と自己評価させ、再度今の課題に取り組むか、次の課題に挑戦するかを決めさせるのです。客観的に見た成功、失敗はあまり評価の対象に置かず、あくまでも自己評価、自己採点を続けることが自分を俯瞰し、自立への練習にもつながります。

申告通りに課題を完成させたり、目標をクリアしたときは、「ヒーロー体験」が味わえる承認を与えることがモチベーションをかきたて、継続させるコツでもあります。「自分にしかできなかった成功体験」を感じさせると、指導者との関係性も深まります。

運動能力が高い傾向にはありますが、未熟な部分も多く、とくに交差性の運動や複合運動、微細な運動を正確にきっちりとこなすことも、「分析派」の質の強化につながります。

自己肯定感が低く、劣等感が強い傾向にあるので、肯定的なことばがけ＝ペップトークの使用なども効果的です。ペップトークとは、「人はそのことばのキーフレーズを聞き取って頭の中でイメージする」という心理を利用したことばがけです。

たとえば、「真っ赤なリンゴを想像しないでください」といわれても頭の中では「真っ赤なリンゴ」を想像してしまいます。指導の中では「怖くない、無理じゃない、できないことはない」といったことばはすべて「怖い、無理、できない」と想像されます。結果、「怖い自分、無理な自分、できない自分」として行動を起こしてしまいます。「できる、大丈夫、やってみよう」ということばのほうが、成功に導く可能性が高いことばがけになります（図4-3）。

こうしてタイプAの子どもには「自分で決めて、自分で行動し、自分で省察する」機会を多くつくる指導が有効で、そんな繰り返しの中から自分

図4-3　Aタイプの指導スキル

- 自問自答、試行錯誤させる
- 自主性や主体性を引き出す関わり
- 交差性運動、複合運動、微細運動
- 過集中を利用する
- ヒーロー体験させる
- 自己採点させる
- ペップトークの活用

の「取り扱い説明書」をつくっていくことが、将来の自立に向けてのトレーニングとなります。

タイプAの具体例

　タイプAのRくんは、中学2年生でアスペルガー症候群の診断がおりています。かたくななこだわりがあり、自分で決めた種目にしか取り組まない傾向がありました。とくに、自分で自分の記録に挑戦するようなひとり種目を好んで選んでいました。

　学校への不信感から不登校になりましたが、チットチャットでは学校に行けない理由がわからないほどしっかりと活動できます。しかし、こちらからの提案はお決まりのように「いや、無理、やりたくない」と拒絶することが多かった印象でした。

　また特異な感覚器の持ち主で、「500m先の看板の字が読める」「温泉のお湯のにおいをかぎわけられる」「隣の部屋の両親の会話の内容がわかる」など、たくさんの過敏な感覚器を持っています。学校生活や日常生活でも、この過敏さが足を引っ張る原因かもしれません。

　そんなRくんは、必ず毎回、なわとびを繰り返しました。前とび、二重とび、三重とび、あやとび、うしろとびなど、いろいろなやり方でなわとびに没頭していました。そこである日、「前とび、100回記録に挑戦したら？」という促しにすんなり従い、挑戦してくれました。そして、その記録があまりにもよかったので、壁にはりだすと、本人にとってその記録のはりだしが「ヒーロー体験」につながったのか、それ以降も、何度も100回記録に挑戦しては記録の更新をねらい続けました。

　その繰り返しの間も、「もっと手の返しを速くしないと」とか「床にあたる圧力を小さくしないと」などと自問自答しながら細かな分析をはじめました。また、記録のはりだしをきっかけに他のメンバーも彼の記録を目標に100回記録に挑戦し、はりだすメンバーの数が日ごとに増えていきました（写真4-1）。そんな「自分を中心に広まった」ことも彼の承認欲求をくすぐり、チットチャットには欠かさず通ってくれるようにもなりました。

　そんな関わりを続けると、こちらのリクエストや提案にも快諾し、新たな課題にも挑戦するおりあいをつけて行動してくれるようにもなり、自分で志望高校への進学を目指すという目標を見つけて行動できるようにもなりました。

写真4-1　Rくんのなわとび記録

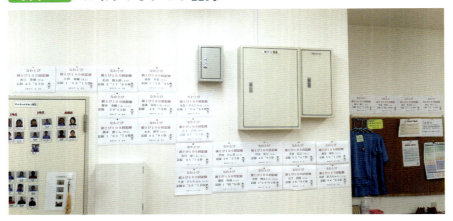

　結局、彼の質に合った「分析をするのが得意」「ヒーロー体験を味わいたかった」「自問自答、試行錯誤の場面を多くつくった」経験が、自らの力で次の目標の設定することにもつながったのではないかと感じています。これからの高校生活が楽しみです。

20 コツコツタイプ＝Babystep Type／Bタイプ

　タイプBの子は運動能力はあまり高くないですが、コミュニケーションはほぼ問題がありません。とくに、言語理解は十分できているタイプBの子どもの傾向として、とにかく不器用と呼ばれる子どもたちが多いのです。発達性協調運動障害[*]と診断される子どももいます。

　重力不安が強いため、自分のからだのありかやサイズが不鮮明な子どもが多くいます。左右上下のからだの違いや、正中線を横切るような動きは苦手で、さまざまな活動に支障をきたしています。

　そのため、その不器用さをキャラクターでごまかしたり、動作も正確にきっちりと動くことが苦手なため、ごまかし動作＝トリックモーションを使って生きています。自分のか

図4-4　Bタイプの特徴

Type B：　ごまかしタイプ
- 不器用、怖がり
- ごまかしが多い
- キャラ勝ちする
- 打たれ弱い
- 主体性がない
- 重力不安
- 短期記憶が苦手
- 二次元の動きが好き

*発達性協調運動
障 害（DCD ＝
Developmental
Coordination
Disorder）：筋肉
や神経、視覚・
聴覚などに異常
がないにもかか
わらず、ボール
を蹴る」「字を書
く」などの目と
手を合わせる運
動などに困難を
伴う障がい。

らだの不鮮明さを、「ごまかす」という行動で現さないと生きていけない
のかもしれません。「ごまかし」が通用しなくなると、打たれ弱い一面や
主体性の低さで代償してしまうこともあります。

しかし、単純で簡単な実力に見合った課題をきっちり、正確にさせると、
自分のからだのありかや存在がわかりやすくなるのか、集中のスイッチが
入りやすくなります。コツコツ積み重ねるような活動は得意で、スモール
ステップを細かく砕いた、ベビーステップな関わりが必要な子どもが多い
です（図4-4）。

タイプBに機能する指導スキル

運動能力が未熟で、ややもすると「不器用、とんちんかん」と揶揄され
るタイプBの子どもへの指導スキルは、人がホップ、ステップ、ジャンプ
といったスモールステップでできる課題をさらに細かく分解し、「超スモー
ルステップ＝ベビーステップ」の課題の提案が必要です。

タイプBの子どもは「自分で考えて」といっても、なかなか考えられま
せん。あるいは、自分では考えてやっているつもりの子どもが多くいます。

どういう動きが正しくて、どういう動かし方が理にかなっているかを、
正確にきっちりとからだに学ばせることが大切です。

キャラクターや動きで「ごまかし」をたくさん起こすため、それを起こ
させない「簡単な動きを、正確に」が集中力や自分の立場をつくるのに効
果的です。

とくに重力不安が強いため、さまざまな姿勢変化を体験し「自分のから
だを地球の真ん中にアジャストする」ことが最重要課題となります。重力
と抗して自分のからだを扱えるようになってくると「自分の存在」が明確
になり、自信や意欲、自主性や主体性を引き
出させることにもつながります。

タイミングをとって行動を起こしたり、間
をつくって動くことが苦手なため、リズムや
テンポをとって「同じテンポやリズムで長
く、動きを続ける」ことも、タイプBの子ど
もには効果的です。

また、ことばでの指示や説明が理解できて
いないことが多く、スポーツ・オノマトペ
（擬音や擬態語）を利用したほうがわかりや

図4-5 Bタイプの指導スキル

● ごまかし動作撲滅運動
● リズム＆テンポ型
● スポーツ・オノマトペの活用
● 正確にきっちりと
● 前庭覚を整える
● ゆっくり、やさしい動作
● ベビーステップ
● 分集より全集

すい場合が多いです。たとえば、「スッと走ってみて」とか「ポンッと跳んでみて」「ピュッと投げてみて」といった指示を出します。

タイプBの子どもは、「簡単な動きを、正確にこなす」ことのおもしろみを知ると、長時間集中して課題に取り組むことができます。持ち前の「コツコツ」を積み重ねる才能が際立ってきます。見た目以上に不安定で、不鮮明なからだの存在の持ち主なため、じっくりとゆっくりとした動きが基本となります（図4-5）。

タイプBの具体例

タイプBのJくんは、幼稚園年長児で、広汎性発達障害と診断されています。

半円形の不安定なバランス器具「カラーコーン」を使用し、ジグザグのコースを渡る練習を繰り返します。何度挑戦しても3、4歩で落下してしまいます。回数を重ねるごとにますますできなくなり、わざとすぐに落ちようとし、あきらめて泣き出しそうになります。

平地での片足立ちなどもうまくできず、その他のバランス運動もたいへん苦手で、明らかに重力不安があるように見えます。

自分の意思とは裏腹に、うまくいかないことが多いため、動くことにも消極的で、小さいときはドクターから「歩けるようにもならないかも」と宣告されていました。

その指導の中で、前庭感覚器が覚醒していないように見えたため、カラーコーンを渡る前に回る椅子に座らせてグルグル回転させ、前庭覚の覚醒をさせてから課題に取り組むように指導しました。

写真4-2 **カラーコーンを渡るJくん**

すると、今まで3、4歩で落下していたカラーコーンのジグザグコースを、ぐっと足で踏ん張る様子を見せながら渡りきりました。本人もびっくりしていて、見ていたお母さんも「えっ、何が起こったの？　どうしてできたの？」と驚き顔でした。最後まで歩ききったJくんも渡る感覚が理解できたのか、おもしろかったのか、何度もジグザグコースを渡り続け、そのコツを習得していきました（写真4-2）。

この例では、前庭覚の覚醒ができていないため重力不安を抱え、バランス感覚や足で踏ん張る感覚がまったく理解できていない子どもへのアプローチとして、回転椅子での回転が効果的でした。

また他のアイデアとして、自分でその場でグルグル回る、回れない場合は指導者が回してあげるといった方法も利用できます。そういう方法を利用し「できた感覚」をからだが感じると、その感覚探究がモチベーションになり、成功動作を常同化してくれるようになりました。

彼はこの動作の習得のときの「コツ」の過程を自ら感じたようで、このあとも積極的に公園や学校でもあそびだすようになりました。

結果、さまざまな運動動作を体感し、重力不安が解消され、小学校のときに学童で体験した「けん玉」にはまってしまい、大会で優秀するほどの実力を身につけました。

「コツコツタイプ」の本領発揮です。タイプBには動きの「コツ」を学ばせるのが効果的な事例でした。

21 個性派タイプ＝ Character Type／Cタイプ

運動能力は高いですが、他人との関係性がいまひとつうまくないタイプCの子どもの傾向は、「自分ルール、俺ルール」をたくさん持っており、自分の思うように行動しないと気にくわないことです。

自他の区別が苦手で、自分を俯瞰することが苦手です。メタ認知（何かを実行している自分に頭の中で働く「もうひとりの自分」のようなもの）が低い子どもが多いです。そのため他人との関係性がうまく築けず、感情のコントロールや行動のコントロールも苦手です。目が勝つため、目に入った刺激に飛びつくような行動も多く、それが勝手放題と解釈されてしまうことも多いです。

図4-6 Cタイプの特徴

Type C： 俺ルールタイプ

- 自分ルール、俺ルールが強い
- 感情のコントロールが苦手
- 発想がおもしろい
- 空気が読めない
- 目が勝つ
- スリルのある課題が好き
- 自他の区別が苦手

しかし、その多動な行動からくる発想力や創造力はたいへん個性的でユニークです。だれもが考えつかないようなアイデアをつくり出すのが得意です。また、目を注視させたり、からだの中心に力を集めたり、外側に力を発揮するようなことも好きな子どもが多く、スリルのある課題には積極的にしかけてくる子どもが多いです。その特性をうまく引き出してあげると、彼らが本来持っている素直さの気質が浮かび上がってきます（図4-6）。

タイプCに機能する指導スキル

「俺ルール」「自分ルール」が強いタイプCの子どもたちは、その日その日の気分で行動を起こしてしまう場合が多くあります。勝手気まま、勝手放題のように見えてしまいますが、指導のはじまりにはあえて観察、見守りが必要な子どもが多いです。

とくに、目が勝つため、目に入ったものに関心がいきやすいですが、勇気を持って観察する、見守る、そっとそばにいる時間をつくると、ある瞬間からこちらの提案を受け止め、行動を起こしてくれるときがきます。

また、発想や創造がおもしろいため、その動きや発想を拾ってあげながら、「次、何かおもしろいやり方ない？」などと尋ねていくと、自分の主張を否定されず拾ってもらえる安心感が生まれるのか、案外素直に関係性をつくってくれます。

また、目を真ん中に集める何かに注視する課題や、力を真ん中に集めたり逃がしたりする情動発散系、格闘技系の運動に集中し、安心して取り組める子どもが多いです。

図4-7　Cタイプの指導スキル

● おもしろい発想を拾ってあげる
● 敬語や丁寧語での会話
● 注視する課題
● 交渉術を活かす
● かけひき上手になる
● 対人関係運動、スポーツの利用
● 情動発散系、格闘技系運動
● ワクワク、ドキドキ体験

とくに、卓球やテニス、バレーボールなどラリー系の動きは目の動きが安定するのか、好んで取り組む子どもが多いです。そのやりとりが関係性を深めることになり、指導の主導権を握るチャンスがでてきます。

また、自分を俯瞰できるからでしょうか、「敬語や丁寧語」を使って関わりを持つと、それまでのため口や横柄な口調が一変し、まるで別人のように行動できる子もいます。指導者側や周りの大人が意識的に敬語

や丁寧語を使うことを心がけると、指導がスムーズにおこなえることにもなり、対人関係能力や社会適応能力の強化にもつながります。実際に敬語や丁寧語を使うことで、友人関係がよくなり、学校生活や日常生活が過ごしやすくなる子もおり、タイプCの子どもには有効なスキルです。このタイプの子どもには、交渉やかけひきをうまく活用し、特性である「創造力や発想力」を引き出す指導が効果的です（図4-7）。

タイプCの具体例

　タイプCのKくんは小学4年生で、アスペルガー症候群の診断を受けています。

　ことばでのコミュニケーションが可能で、こちらが指示することも彼から発信する意思も十分に伝え合えます。また、運動能力に関しても十分成熟しており、ボールや空間の認知も問題なく、実際、卓球の指導に関してもあっという間に卓球ラリーを完成させてくれました。バックハンドもフォアハンドも器用にこなしました。

　しかし、興味の焦点や集中の度合いがころころ変化し、ひとつのプログラムを長く続けることができません。また、彼の場合、「ミス」を極端に許せず、それをきっかけに指導を放棄したり、情動を発散しようと、ボールを踏みつぶす、ラケットで卓球台をたたく、ラケットを投げつけるなどの行為に走ってしまいます。次のレベルアップを目指そうとしたり、あと少しがんばると達成感が体感できるという状況になると、必ずといっていいほど、卓球から逃げ出してしまいます。「ここ、がんばりどころ」というポイントで「いなく」なってしまうのです。

　そして、そんな彼の背景をふまえて試してみた指導は、「ミスをさせない、彼のミスを極力さけるためのプログラム」に限定した練習でした。

　まず卓球台の横方向を利用し、K君にラリーする回数を選択させ、「5回」と申告すればきっちり5回で終わらせます（彼の実力はもっと高いレベル）。また、何球繰り返せば休憩するかも彼に決めてもらいました。そして、私の配球もできるだけ、ミスが生じないような打点に出すようにし、万が一ミスが生じてもすべて「ごめん、モリシー（私の愛称）が悪かったんだよ。K君の責任じゃないよ」とミスの所在を私に向けてみました。

　そんなラリーを繰り返すうちに、少しずつ彼の行動に変化が生じてきました。すべて自分が選択し、自分が決めたことだから、案外、納得してラリーを繰り返そうとしました（写真4-3）。また、許されなかったミスも、

写真4-3　卓球のラリーをするKくん

ミスした瞬間に自分の責任じゃないというメッセージを受けるため、それほどミスを悔やまなくなってきました。また、どうしても情動を発散したいときは、お母さんからいただいたアイデアで空のペットボトル（ピンポン球と材質がよく似ていて、壊しても安全）をイライラ発散の対象にし、それを踏むなり蹴るなりさせるように利用することをしてみました。

そんな環境を守り続けると、なんと、彼から思いがけないことばが飛び出すようになってきました。それは彼がミスをしたときのことです。私が同じように「ごめんごめん、今のモリシーのミス」と続けると、彼が「違う違う、今のは僕のミス、僕が悪かった。僕がもっとうまく返せばいいんだよ」と、しっかりと自分のミスを認めることができるようになってきました。

そんなやりとりを数回繰り返すうちに、Kくんの私に対する認識が、「この人は許してくれる、この人は待ってくれる、この人は僕の違いを理解してくれる」といった感じに変化してきました。

タイプCの子どもには、このようなかけひきや交渉が機能します。その子どもの、一見逸脱しているように見える行動をしっかりと受け取り、関係性につなげることが重要です。

22　こだわりタイプ＝Defensive Type／Dタイプ

運動能力もそれほど高くなく、コミュニケーションがうまく成立しないタイプDの子どもは、独特の世界観の持ち主です。自閉的、こだわりが強く、「今ここにいる自分」に大きな不安や恐怖を持っている子どもが多いです。

見た目以上にからだは緊張していたり、固まっていたりします。環境の変化が苦手で、少しの変化であってもまるで別世界になったかのような行動を現します。日によってはまる課題も違い、前これができていたから今

日もできるだろうと関わると、「それは今日やりたくない」とかたくなな拒絶態度を示すことがあります。

また、こだわりや自分のパターンを持っており、それが恐怖や不安への防御反応としての生きるスキルかもしれません。指導の内容よりも関係性づくりが最大のカギとなり、そこをどう構築するか、指導者の引き出しや世界観を見直さないと対応できません（図4-8）。

図4-8　Dタイプの特徴

Type D：　こだわりタイプ
- 独特の世界観
- こだわりが強い
- 変化に弱い
- 場面緘黙
- 緊張と恐怖
- 背中と足首の緊張
- 日によってはまる課題が違う
- 水中での運動が合いやすい

Chapter 4

特性・タイプ別指導

タイプDに機能する指導スキル

独特の世界観を持ち、常に不安や恐怖にさいなまれる環境で生活していることが多いのが、タイプDの子どもです。自閉的な傾向が強く、こだわりや執着も強いタイプの彼らに機能する指導スキルは、「安全、安心」な環境の中で「緊張や不安」を和らげる課題や関係性づくりがもっとも基本になります。

タイプDの子どもにはまず、「皮膚接触を許可」してくれるかどうかが最重要課題です。どこかを触らせてくれる、手をつないでくれる、補助や介助の手を拒まないでいてくれる、など皮膚からの関係性づくりが必要となります。課題の内容よりも、その関係性をいかに長く保ち続けるかがポイントです。

そのためには、スキンシップタッチやスキンシップといったマニュアルコンタクト（徒手接触）のテクニックが大切で、「どこの部分を、どのタイミングで、どのように触れるか」がカギとなります。そして、この手技はそれ以後の指導を効果的、効率的に進めるために絶対的に必要なスキルでもあり、すべてのタイプの子の指導を機能させるための基本となります。指導者はその感覚を磨くことが必要となります。

また、タイプDの子どもたちは、指導者としての全知能、全能力を高め続けてくれ、「気づき」を与えてくれる存在です。独特の世界観や自閉的傾向が強いため、指導者側の固定観念や枠組みだけで彼らを判断してしまうと、まったく機能しない指導となります。彼らの世界観をしっかりと理

解し、読み取り、彼らの世界観の中から「安全、安心」を感じさせられる関わりが、機能する指導をしていくカギとなります。彼らの「ど真ん中」に入れてもらえる指導かが生命線です。

とくに、変化が苦手で日によってまるで違う行動を起こす彼らには、あまり変化をつけすぎず、指導者側がよくばらない課題の進め方も大切です。ほんのちょっとの変化や欲が彼らの理解力を妨げ、納得のいく行動へと持ちこめなくなります。

しかし、彼らとの関係性や指導の中には「人の可能性を引き出す」根幹があり、指導者としてのあり方、考え方が試されます。この子どもたちの指導が適切におこなえることが、「みんなのスポーツ指導者」としての真価を問われる指標となります。また、我々スポーツ指導者としては、なくてはならない存在の子どもたちです。おそらく世の中や社会にとっても必要不可欠な子どもであるはずです（図4-9）。

図4-9　Dタイプの指導スキル

- 変化をつけずよくばらない
- わかりやすい環境での指導
- マニュアルコンタクト
- 緊張や恐怖をとる課題
- 自閉の特性を知る

タイプDの具体例

私がサポートしていたある幼稚園での話です。

園での運動会のとき、在園していた自閉症児の女の子の対応について、園長先生や担任の先生に相談を受けました。

運動会での出場種目はクラス対抗リレーとサーキット運動、とくにリレーに関しては、その意味がうまく理解できていないようで、走るときもあれば逃げ出すときもあり、ほとんどが先生に引っ張られるように走るケースが多かったようです。もちろん、走るラインをわかりやすくしたり、大好きなぬいぐるみをポイントポイントに置き視覚的な支援もされていました。

しかし、練習を重ねてもなかなか思うとおりに彼女は走ってくれません。もちろんリレーですから、その子どもが遅れるとクラスの成績も上がりません。クラスの仲間からも不平不満の声がふつふつと湧きあがりはじめていました。

困った先生方が相談した結果、いくつかの提案を考えられました。

- ●先生が手をつないで、勝負がほぼ決まっている最終ランナーで走る。
- ●彼女の保護者に了解を得ているので、棄権する。
- ●レースが終わってから最後にひとりだけで走りを披露する。

などです。

しかし、どの提案も、私としては彼女の存在が感じられず、仲間の子どもたちの存在からも隔離されているように感じました。クラスの仲間たちや、観戦している保護者たちの目や不満に先生方の視点が向いているようで、何か違和感を覚えました。

そこで私は、「いっそ子どもたちにその対処法を考えさせたらどうですか？」という提案しました。子どもたちはその彼女のことをどう思っているのか、そして、どうしたいのか、また、その彼女をうまくリレーで機能させるのにはどうしたらいいのか、子どもたちに考えさせればどうかという意図でした。

さっそく担任の先生がその提案を持ち帰ってくださり、子どもたちに何度も聞いてくださったそうです。

最初は、「○○ちゃんがいなかったら、うまくいく」「○○ちゃんには難しいと思う」「先生が引っ張って最後に走ったらいいんじゃない？」といった否定気味な意見が多かったようです。しかし、そうやって子どもに素直に感じている気持ちをいわせているうちに、だんだんと変化が起こってきました。

「私、○○ちゃんと手をつないで走ってあげる」「○○ちゃんは私らの友だちだから、助けてあげなくちゃ」「できなかったら、みんなで応援しよう」などなど、子どもたちの心に変化が現れてきました。そして、本番までの間、何度も子どもたちが思案しながら「彼女をどうすれば機能させられるか」を考えた練習が続きました。

その後、素晴らしいことに、「いっしょに走る」「○○ちゃんを引っ張っ

てあげる」という自然な行動が子どもの中からどんどん起こってきました。クラスの仲間全員が練習で彼女と一緒に走り、彼女もやる気や行動に起伏はあったそうですが、なんとか本番までの練習を繰り返し続けました。

そして、迎えた本番、その日も「○○ちゃんをだれが引っ張って走ってあげるか？」との先生の問いかけに、全員が手を上げて「私が引っ張る」と名乗り出てくれたそうです。

全員の名乗りの結果選ばれた仲間が、彼女の手をしっかり握りしめ、走る順番を待ち続けました。見守る先生もドキドキ、観客席の保護者の方も緊張されていたと思います。

いざ、スタート。リレーの意味や競走の意味、走る目的などあまり理解できていなかったかもしれない彼女ですが、きっと、仲間の存在、仲間の手のぬくもりを深く肌で感じたことは、彼女の自然な行動に貢献していたと思います。ためらいもなくバトンを持ち走り出した二人は、順調に歩を進めました。そして、スピードが上がるにつれて仲間の子どもが握りしめていた手に抵抗感がなくなり、なんと彼女は、ひとりで走りはじめたそうです。となりに仲間の子どもがいてくれるだけで、ひとりでバトンをしっかり握り締め、次の走者の子どもに見事にバトンパスしたそうです。

一緒に走った仲間の子どもだけでなく、おそらくこの瞬間、クラスの全員が彼女の伴走をしていたはずです。実際にはとなりにいなくても、仲間全員のサポートの思い、あり方が、彼女にとって安全に、安心して行動を起こせる自分に気づくきっかけとなり、自然とひとりで走り出したに違いありません。

タイプDの子どもへの関わりは、このように問題の中核として位置づけるとさまざまな相乗効果が期待できます。弱い子ども、無力な子どもを中心に置いて、それをドーナツの輪のようにくるんでいく。その役割を持った子どもがタイプDの子どもです。

23 原始反射と4つのタイプとの関係

発達障がい児には原始反射の残存が強く見られることが多く、感覚の統合が発達の土台や成長発達を促す重要な働きかけになります。

原始反射はお母さんの胎内にいるときから発生するらしく、反射的な動

図4-10　原始反射と4つのタイプ

Type A：緊張性頸反射	Type C：モロー反射
【弱み】注意の偏り 【強み】課題解決	【弱み】自己中心的 【強み】好奇心と行動力
【弱み】ストレス耐性低傾向 【強み】コツコツ積み重ね Type B：緊張性迷路反射	【弱み】固まって自責傾向 【強み】共感性とリスク管理 Type D：恐怖麻痺反射

きを利用して生まれるためにふさわしい身体機能を身につけたり、産道を通り抜けてくる力を備えたり、胎外に生み出されても円滑に成長発達を遂げます。そのために原始反射を大いに利用し育っていくそうです。

　そして、この原始反射は成長発達とともに、日常生活動作にはあまり出現することなく、ストレスを受けたときなどに反射的に行動する緊急事態だけの特殊装置となり、統合されます。

　そして、この原始反射、成長発達はともに現れてくる種類が違います。そして、それぞれの原始反射ゆえの特性がいくつかあるようです。実は、この原始反射の発達の過程が4つのタイプと似通っていることにも気づきました（図4-10）。

　たとえば、タイプDの子どもは「恐怖麻痺反射」が残っている傾向にある子どもが多いです。タイプCは「モロー反射」、タイプBは「緊張性迷路反射」、タイプAは「緊張性系頸反射」といった原始反射が色濃く影響していることもわかりました。もちろん、すべての子どもの発達にすべての原始反射は多かれ少なかれ残存しているのですが、これも「傾向」としてとらえると、質に合わせた指導が提案できます。

　原始反射の観点からも指導のヒントになる動き、運動を考えられる可能性が広がりました。

タイプ別原始反射の特性

　成長発達とともに出現、統合されていく原始反射があります。原始反射はお母さんの胎内にいるときから起こるそうです。

❶ 「恐怖麻痺反射」

「恐怖麻痺反射」は原始反射の前にある「子宮内反射」での代表で、逃げ場所のない胎内で外からのストレス刺激やお母さんのからだやこころが強いストレス状態にあるときに、胎児がその影響から身を守るための本能です。自らを守るために胎児はからだ全体を固めるようにして外界のストレスから身を守っているのです。

成長してもその反射の残存があると、何かストレスがあると固まる（からだも行動も）という自分の世界をつくります。この反射が残ったままになると、緊張や不安に常にさいなまれがちです。これはタイプDの子どもの傾向とよく似ています。

❷ 「モロー反射」

「モロー反射」はお母さんの胎内にいるときから存在します。外界のストレスに対応する反射として、平衡感覚をはじめとするからだの感覚器に刺激が加わると手足を広げ、たたかうか逃げるかという反射を起こします。タイプCの子どもの特性の攻撃性、多動性、感情のコントロールの不安定さ、自他の区別の不鮮明さなどによく似ています。

❸ 「緊張性迷路反射」

「緊張性迷路*反射」は文字通り、迷路の中をさまようイメージです。空間における自分のからだの位置感覚、スピード感覚、方向などを学び知るために使われる原始反射です。あごが上がり、首が伸展されると腕や脚が伸ばしやすくなります。逆に、あごを引き、首を屈曲させると、腕や脚は曲げやすくなります。

> ***迷路**：内耳を包んでいる組織も含めて、この複雑な構造を迷路という。聴覚と前庭感覚（からだのバランスなど）に関係する感覚装置。

こういう動作を続けながら、自分のからだが地球の真ん中＝重力とどう関係性を保つかを学んでいくのが、この反射の特性です。タイプBの子どもが持つ重力不安を改善するための反射であり、タイプBの子どもはこの反射の特性を多く出現させています。

❹ 「緊張性頸反射」

「緊張性頸反射」は、いよいよはいはいから自立歩行につなげるまでに必要になる反射です。この原始反射の統合が自立生活の基本となります。具体的には、対称性緊張性頸反射と非対称性緊張性頸反射があります。

対称性緊張性頸反射は、あごをあげ、首を伸展させると、腕は伸ばしやすく、脚は曲げやすくなります。また、あごを引き、首を屈曲させると、腕は曲げやすく、脚は伸ばしやすくなります。また、非対称性頸反射は顔を左右に向けた方向の手足は伸ばしやすく、後頭部側の手足は曲げやすくなります。上位の脳を前後左右に成長・分離させ、最終的にはすべての脳

が「分業制」を担当できるようにする機能にも関わる反射です。

　日常生活動作や運動・スポーツ動作は、左右の手足、上半身・下半身、前面・後面がしっかりと分離されていて、トータルで「完成系」の動きになります。そのための最終原始反射が、これらの反射となるのかもしれません。

　これはタイプＡの子どもが持っている、できるのにもかかわらずやることを決めている＝自立への入り口にいる特性によく似ています。

　このように４つのタイプ分けが少なからず原始反射の統合の流れと似ていて、そこからのアプローチも指導の中に入れこむことは、指導の質を上げることにもつながります。

24 タイプ別に指導方法を考えてみる

　柔軟な発想力とベビーステップのコツがわかってきたら、実際に４つのタイプ別の指導法を考えることをはじめましょう。それぞれのタイプの特性を理解し、まずはそのタイプの質に合わせた指導を考えます。タイプＡの子どもなのに、いつまでもタイプＤの変化に乏しい、安全、安心な課題を提供していると、その子どもの質に合わず、「ああ、こんなもんでいいんだ」と誤学習してしまいます。

　タイプＣの子どもにタイプＢのような小刻みな指導課題を与えてしまうと、おもしろくなくなって取り組んでくれません。タイプＢなのに、タイプＡのように自分で考えて、分析するようにいっても頭が回りません。

　このように、同じ種目をやったとしてもそれぞれのタイプで指導法がまるで違うのです。「結局ひとりひとり違うのだから、結果オーライでいいわ」という指導もダメです。そういう指導は、へたをすると指導者が結果を自己満足できる方向に転換していってしまう場合があります。あくまでも子どもの満足度が基本で、それぞれのできた感をつかませる指導が大切です。

　次ページから数種目タイプ別に指導例をあげます。それほど大がかりな準備を必要とせず、ちょっとしたスペースでもできる跳び箱・トランポリン・ボール・スカーフ・平均台・ラダー・カラーコーン・くるま・鉄棒・フラフープ・お手玉を取り上げました。127ページに載せた動画リンクとあわせて指導の参考にしてください。

Chapter 4

特性・タイプ別指導

タイプ別指導例 | 跳び箱指導の例

Type A | 微細で正確な動きを求め、自己採点させる

- 正確に、きれいなホームでトライさせる
- そのために自問自答させる
- 結果を自己採点させる

- さらに別の跳び方ができないか尋ねる

Type B | 一連の動作を細かく刻んで提案する

- 助走なしで跳べそうな高さにする

- 手前に置いた台から一歩ジャンプして跳ぶ

- 最初は乗るだけ、台上を手で移動して降りる

- 助走して低い台でアクセントをつけて跳ぶ

Type C アクティブでダイナミックな動きを採用する

- アクティブな動きを引き出す。跳び箱・つなひき
- おもしろい使い方を考えさせる。いろいろなスタイルでバランス運動
- タイムレース、ゲーム形式などにルール化する

Type D 単純でわかりやすい動き

- 指導者と手をつないで登って降りる
- 台をばらばらにして間を歩く

- 手をつないで登ってジャンプ
- 座らせてゆする

タイプ別指導例 | トランポリン指導の例

Type A | 複合的な動きが求められる課題を提案する

● 180度回転ジャンプ

● お尻、ひざで連続ジャンプ

● 足を交差させてジャンプ・サイドジャンプ

● 股の下ボール通しジャンプ

Type B | からだの軸をつくるようなジャンプに多く取り組む

● 長時間連続（3分目標）その場ジャンプ

● グーパージャンプ（開閉を交互に）

● 前後ジャンプ

● 手や棒に頭タッチジャンプ、手タッチジャンプ

Type C 目を注視しておこなう課題を提案する

●バーを使ってグーパージャンプ

●目で時計おいかけジャンプ

●ひざ、連続ジャンプ

●おしりジャンプ

●背中ジャンプ

Type D トランポリンの弾性を活かし快刺激が味わえる課題

●寝た状態で指導者がジャンプしゆらす

●立ってバランス

●手をつないでジャンプ

●ひとりジャンプ

タイプ別指導例 | ボール指導の例

Type A | 本人の申告した課題の中で難度を上げる

どんなことをやりたいか聞く

- サッカーパス

- ランニングパス

- ドリブルいろいろ

Type B | さまざまなバリエーションの投げる、取るを経験させる

- 両手でオーバースロー

- 両手でチェストパス

- 両手でアンダーハンド

- バランスをとりながらキャッチ&スロー

Type C　ゲーム性のある課題

- ドッジボール
- サッカーシュート
- バレーアタック

　など、スリルがある動き

● 的たおし

Type D　キャッチボール（やりとり）ができるように持ちこむ

● 好きなように投げる、蹴る

● 台の上に乗ってキャッチ

● 手渡しパス

● 取る練習いろいろ

タイプ別指導例 | スカーフ指導の例

Type A | 手先、足先の細かな動きを引き出す課題

● 手や足でリフティング

● 足でつまんでかごへ入れる

● 足で4つにたたむ

Type B | ゆっくり、正確にできる動きを引き出す課題

● 自分で投げてキャッチ

● 床に敷いて歩く

● 指導者が投げてキャッチ

● 頭に乗せて歩く

Type C　スピード感のある課題

●連続キャッチ

●手足使ってリフティング

●しっぽとりゲーム

●床ふき競走

Type D　スカーフの感触を味わえる課題

●目で追わせる

●皮膚をこすってあげる

●手をつないで、指導者が投げてキャッチを促す

●スカーフつなぎ

タイプ別指導例 | 平均台指導の例

Type A | 複数の動きが求められる課題

- 歩数を決めて渡らせる長い一本橋

- 目かくしして渡る

- 風船をつきながら渡る

Type B | バランスをとって、ゆっくり正確に渡る課題を繰り返す

- 二本橋、三本橋を適切な補助をして渡る
- 高さを低くして二本橋

- 二本橋の間隔をあけて渡る

- ひとりで二本橋に挑戦

102

Type C　おもしろいコース設定を考えさせ、挑戦させる

- 自分で渡れそうなコースをつくらせる
- そのつくったコースの難度をひとつ上げる
- そのコースのおもしろみをひとつ増やす
- 何かおもしろい使い方はないか考えさせる

Type D　適切な補助をしながら渡りきれる課題を選ぶ

- 床の上の棒を手をつないで渡る

- 二本橋、三本橋を適切な補助をして渡る

- 床の橋を長くして渡る

- 二本橋、三本橋に挑戦

タイプ別指導例 | ラダー指導の例

Type A | 複雑な動きが求められる課題に数多く挑戦させる

● 反復横とび＆目のワーク

● フットワーク各種

Type B | 前後、横方向に正確に進める課題を習得させる

● 一歩一歩前後歩き　　　　　　　● 片足立ち

● 横ジャンプ　　　　　　　　　　● 両足ジャンプ

Type C ゲーム性のある動きを探り、考えさせる

● バーテンダー歩き

● 制限時間内に往復する

● 指導者と端っこどうしを持ってコーンさし

● 動くラダーを渡る

Type D 適切なマニュアルコンタクトをほどこしながら取り組む

● 手でつないで前歩き

● トンネルくぐり

● 手をつないで後ろ歩き

● 手に持ってゆらゆら、上下に動かす

タイプ別指導例 | **カラーコーン指導の例**

Type A | バランスをとりながらコーンから落ちない課題を繰り返す

● 1列歩き

● 円形渡り

● ツイスト渡り　　　● 後ろ歩きいろいろ

Type B | 正確にゆっくりとていねいに渡りきれる課題

● 2列歩き

● 山に立ってバランス

● ジグザグ歩き

● かぎりなく一直線歩き

Type C　バランス感覚が磨かれる課題

● 手足同じ色に置くゲーム

● バランスボールを頭に乗せて歩く

● ドリブルしながら歩く

● 長い一直線に挑戦

Type D　適切なマニュアルコンタクトをほどこしながらおこなえる課題

● ランダムに置いた山を手をつないで渡る

● 左右足を乗せて降りる
● 手をつないで立つだけ

● 2列平行

● 2列ジグザグ

タイプ別指導例 | ## くるま指導の例

Type A | 操作性が高く難度の高い課題

● 足でキックパス

● 壁キック

● 空のくるまにとびのる

● 腰ツイストして進む

Type B | 自分のからだでくるまをあやつる課題を繰り返す

● うつ伏せで手で前進後進

● 仰向けに寝て足で進む

● 足で前進後進

● 立ってバランスとりながらくるまを動かす

Type C くるまをうまく操作する課題

●腰ツイストして前後に進む

●ロープ使ってレスキュー移動

●片足キック

●振り回されて白マットへ激突

Type D 適切なマニュアルコンタクトをほどこしながらの課題

●座って手をつないで進む

●座って棒を持って進む

●座って足を持って進む

●立って手をつないで進むのに挑戦

タイプ別指導例　鉄棒指導の例

Type A　いろいろな技に挑戦する

● 逆上がり

● 地球一周

● 前回りと足ぬき回り連続技

Type B　前回りの完成を目標に課題設定する

● 前回りの練習いろいろ

● 足ぬき回りの練習いろいろ

● つばめ

Type C　ゆっくり、なめらかに動作する課題

ゆっくり、ゆっくり

ゆっくり、ゆっくり

● ゆっくり前回り
（カウントして）

● ゆっくり足かけ回り
（カウントして）

● 逆上がり練習いろいろ

Type D　本人が納得して取り組める課題

● くぐる練習

● 補助つきつばめ

● 足を補助してぶらさがる

● 前回りに挑戦

タイプ別指導例　フラフープ指導の例

Type A　本人のやりたい課題に挑戦する

● 円形走り

● 腕回し（片手、両手）

● 二人で両手パス

● 腰回し

Type B　さまざまな動きのバリエーションを体験させる

● グーパージャンプ

● コマ回し

● サイドジャンプ

● 両手キャッチ、片手キャッチ
（ゴロ、バウンド、ノーバウンド）

Type C スピード感、スリル感、ゲーム性のある課題

● 移動しながらのゴロキャッチ

● コマ回しが止まるまでに走ってキャッチ

● 床をすべってくるフープに入る

● 逆回転ころがし

Type D 本人が納得して理解して取り組める課題

● トンネルくぐり

● 手渡しパス

● 人輪投げ

● 1個置いては渡るの繰り返し

タイプ別指導例 | お手玉指導の例

Type A｜難度の高い課題を考えさせる

● 背中キャッチ

● 二人で両手キャッチ

● ジャグリング

● 二人で片手で同時キャッチ

Type B｜バランスをとりながら取り組む課題

● バランス器具に乗りながらキャッチ

● 二人で交互渡し

● 足裏で踏みながら進む

● からだに乗せてバランス

Type C　ゲーム性のある課題を考えさせる

● 当たらないように逃げる

● 的あて

● たたき落とし

● 足で投げる

Type D　二人との関係性を引き出せる課題

● つかんでカゴへ

● 足で踏む、乗る

● カゴでキャッチ

● 自由投げ

スポーツが持つコアバリューとは

　ここまで、チットチャット・メソッドをいろいろな観点からお伝えしてきました。

　最後にスポーツという、「人づくり」のアイテムのコアな価値観とは何かを表した、実話を紹介しましょう。

　この物語の主役はＴ君といい、生まれつき脳性小児麻痺の後遺症で両まひの障がいを持ち、かろうじて歩くことはできますが、走ることができない子どもです。両腕も完全には上がらず、完全なばんざい姿勢をとることができません。

　母親は大学で教鞭をとり、障がいのある方のスポーツ指導にもたずさわっておられました。その関係で、Ｔ君へのスポーツの働きかけも幼少のころから積極的で、さまざまなスポーツをセラピーのように利用してこられました。水泳、ダンス、体操のほか、一般的におこなわれている機能回復訓練など、Ｔ君の障がいが少しでも軽減されるように働きかけていらっしゃいました。

　もともとお父さんの影響で野球好きだった彼は、小学校４年生から学校の野球チームに所属し、同級生たちとともに自分なりのスタイルで野球に親しんでいたそうです。同級生たちも「走れなかったら僕らが代わりに走る、守れなかったらファーストの守備につけばいい」と、彼のハンディを彼らなりに解釈し、メンバーの一員として受け入れていました。

　５年生になったある日、野球部の練習がない土日や、いつもなら学校からまっすぐ帰ってくるはずのＴ君の帰宅時間が遅くなる日が続きました。知り合いのお母さんが「Ｔ君、川原の野球チームの練習を見てるよ」と知らせてくれ、帰宅したＴ君にそのことを尋ねると「もっと強いチーム、友だちも入っているあのチームで野球がしたい」と純粋な気持ちで話してくれたそうです。

　息子のその純粋な「やりたい」という気持ちに打たれたお母さんは後日、彼と一緒に入部希望の意思と、Ｔ君の障がいについて、監督とコーチに説明しに行かれました。

　数日後、彼の入部は許可されました。しかも親友がいたチームではなく、そのチームの中でもっとも強いＡチームに入ることを指示されたのです。

　監督は彼に、「みんなとまったく同じことができないなら、その分いい

試合をたくさん見て勉強しろ」と伝えました。

　親友と一緒のチームでなかったことで不安になっていたＴ君でしたが、監督さんのその一言でふっきれたようです。しかし、お母さんは半信半疑。頭の中が一挙に「不安、心配」の文字でいっぱいになりました。が、そこにあったのは、今まで見たことのないＴ君の表情。それを見たお母さんは、「私が止めてはどうにもならない」「私はこの子が仲間として受け入れ続けてもらえるようサポートしよう」と誓い、彼のために保護者会のリーダー的役割をかって出て、チームの運営に協力しはじめました。

　人が何か夢中になれることを見つけるというものは素晴らしいことで、その日からＴ君は何もいわれなくとも野球道具を用意し、ユニフォームに身を包み、学校から帰宅すると大急ぎでグラウンドに向かう日が続きました。

　そうして、無事メンバーとして仲間入りできたＴ君でしたが、おおかたの場合、障がいがある彼のような子どもがこういうチームに入っても、マネージャー的な役割や縁の下の力持ち的な役割である審判や用具係、ボール磨きや点数つけなど、野球の実際とは別のところで役割を与えられます。そして、このときのＴ君ならば、それでも納得して黙々とその役割をこなしたでしょう。そのチームのメンバーであることだけでも満足し、誇りに思い動いたと思います。

　しかし、現実は違っていました。このチームの監督は、Ｔ君を観察し、彼がチームに機能するにはどうすればよいか、何か野球の中での役割はないだろうかと考えたのです。観察のすえ、ある提案を思いついた監督は、Ｔ君に早速そのことを伝えました。

　「Ｔよ。あのな、野球のゲームにはな、１試合の中でここで送りバント

を決めなきゃいけないという場面が、必ず１回か２回はくるんだ。その送りバントを決められたらチャンスが広がり、ゲームをものにできる。お前、そのここで絶対という場面で送りバントを決められる選手になってみないか？　そんな力が身についたら、俺は絶対お前を使うぞ」

　これを聞いたＴ君は、やるやらないの返事もせず、早速その日から「送りバント」の練習を黙々とはじめたそうです。仲間が練習するすみのほうで、黙々とマシーン相手にバント練習を続け、だれが手伝ってくれなくともひとりで球拾いをしては、またそれを続けました。チームの練習が一段落すると、自分から仲間にバッティングピッチャーをお願いし、生のピッチャーのボールにも挑戦しました。すべて自らの意志で、自らの意図に向かって動く。監督から与えられた役割を、生まれてはじめて自分の力で乗り切ろうとしていたそうです。
　監督のたった一言が、彼の行動を変えたのです。この監督は、彼の観察をさらに続けました。守備練習の際、彼にファーストを守らせたそうです。走れない、動けない、ばんざいできない彼、そのことはチームメートもよくわかっていました。Ｔ君が捕球できる箇所は決まっています。Ｔ君が捕球できるのは、ほぼ正面にきたボールだけで、それ以外は反応できません。

　そんな彼にファーストを守らせてからチームに変化が現れました。どういう変化が起こったのかというと、内野手の守備力が極端に上がったのです。とくに、送球ミスが極端に減り、捕球のミスはたまに起こっても、送球ミスが０に近くなりました。
　動けない、捕球できるエリアが決まっているＴ君に、内野手たちが丹精込めて正確な送球をするようになったことで、彼らはどれだけ体勢をくずされても正確な送球動作をおこなえる技術を自然に身につけたのです。
　Ｔ君の障がいを活かして、内野手のスキルを上げることができたのです。ここでは彼の障がいは、強みに働いたのです。

　そんな日々を積み重ね、６年生になったある日の公式戦。来る日も来る日もバント練習に明け暮れたＴ君も、15人目の選手としてベンチ入りさせてもらえました。それだけでも彼は誇らしげで、保護者会のお世話に尽力されたお母さんも大満足で試合観戦をしていました。「この子に野球をさせてよかった。いいメンバーといい監督に認められた」と、たとえゲー

ムに出られなくとも大満足の公式戦だったそうです。

しかし、実はその試合がはじまる前に監督は選手全員にこう伝えていた
そうです。「今日、俺は、Ｔが代打で試合に出る夢を見た。だから今日は
Ｔを代打で出す。ライトで出す」と。

相手は同じ強豪チームで、ゲーム内容はお互い一歩も譲らぬ投手戦だっ
たそうです。迎えた６回裏（小学生のゲームは７回で終了）、ついに「約
束の場面」がやってきました。ノーアウトから先頭打者がヒットで一塁に
出塁し、「ここでこの場面で送りバント」という想定通りのチャンスがやっ
てきたのです。

打順はＴ君です。

さあ、みなさんが監督の立場でしたらどうされますか。勝利至上主義が
はびこるスポーツ界には、子どものころから勝つためには手段を選ばない
指導者や子どもたちが増えてきています。みなさんなら、この場面、Ｔ君
をどう扱いますか。

それまでの公式戦で一度もゲームに出たことのない彼、他の選手を代打
に送ったほうが「決められる」可能性があるかもしれません。ましてバッ
トを持って歩いてくるＴ君の姿は明らかに「バント」しかできない歩みで
した。

この監督はどうしたのでしょうか。

迷わず、彼との約束を実行しました。観戦していた母親もびっくり仰天
で、「まさか自分の息子がこんな場面で何ができるというの？　これだけ
練習でやり通してきたんだからそれで満足なのに」という不安と混乱の入
り混じった気持ちと、「神様、どうかお守りください、息子に力をください」
といった半ば神頼み的な気持ちが同時に起こったそうです。

しかし、そんな周囲の心配とはうらはらに、Ｔ君の表情からは「俺がや
る、俺が決めてやる」という、自信でも気迫でもない、なんともいえない
雰囲気が出ていて、まさに「立場をとった人」の顔をしていたそうです。

いざ1球目、ど真ん中のストレート、絶好のバント球。しかし、T君は見事に空振り、バント失敗。回りの雰囲気も「あーやっぱりダメか」。お母さんも「やっぱり無理だ」と感じたそうです。

　こんな状況でこんなふうに追い込まれ、彼のようにハンディキャップをせおってしまっていると、動転し行動を起こせなくなるのが普通です。ましてや、まだ彼は小学6年生。お母さんはもう目を開けて見ていられませんでした。

　しかし、当の本人は、まるで何事もなかったかのように、まだ「俺が決めてやる」といわんばかりの顔つきでした。すごいことです。立場をとった人間とは、何事にも退けられず、何の恐怖や不安もなく、最後まであきらめずやりきり、結果をだそうとするのでしょうか。

　2球目、バントとわかっている相手チームは一・三塁手が猛然とダッシュし、おまけに変化球を彼に投じてきました。しかし、T君は、今までの練習で培ったすべてのものをその瞬間にだしきり、見事、その前進守備の隙間、ここしかないというところに球をころがし、見事送りバントを成功させました。

　もちろん一塁には走れません。ランナーアウトです。しかし、ベンチで応援する仲間からは大歓声、祝福の嵐。チームはもう勝ったかのような喜びようだったそうです。

　T君も一世一代の大仕事を成し遂げた安堵感と満足感でベンチにへたり込み、監督の「よくやった、ありがとう」の一言で、涙していました。もちろんお母さんはその瞬間を見ることができず、周りの保護者の歓声と喝采で結果を知り、放心状態。号泣されたそうです。

　ここ一番という彼との約束をしっかり果たし、チームを機能させた監督の采配はすごいです。チームはこのあとそのチャンスを活かし、得点を加えリードしました。

　あとは、最終回を守りきるだけです。

　監督はリードを奪っても最終回にT君を守備につけたまま、代えようとしません。守備のできる選手は他にもいたのに、あえてT君に守らせ続け

ました。ちなみに彼の守備位置は、練習で守っていたファーストではなく、監督が夢に見たライトです。

　スポーツというのは何か目に見えない不思議な糸や筋書きのないドラマがあると形容されるぐらい、話題のある選手のところにボールが飛んできたり、チャンスがやってきたりするものです。
　案の定、この最終回に、Ｔ君のところへ相手バッターが打った大飛球が飛んできました。
　走れない、動けないＴ君にとっては、「ヘルプ・ミー」状態です。「助けてください、僕にはどうすることもできません」と祈るしかない心境だったのではないでしょうか。

　しかし、このあと、とんでもないことが起こりました。どんなことが起こったか想像できますか？

　実はこのあと、大飛球を見ながら立ちすくむＴ君のポジションに向かって、キャッチャー以外の全員の選手、サードもピッチャーもレフトもショートも、全員がライトを守るＴ君のポジションに向かって走り出したのです。
　無言の「ヘルプ・ミー」を発信したＴ君に向かって、チーム全員が「ヘルプ・ユー」を起こしました。だれに指示され、だれに命令されることもなく、メンバーはＴ君を助けに向かいました。間に合うはずのない選手らが全員、彼を助けに向かったのです。
　そして、どうなったか。幸運といいますか、立場をとった人間に味方するようにといいますか、そのボールは一歩も動けなかったＴ君のグラブの中にすっぽりおさまり、アウト。それを見たチームメートや保護者は「ばんざい、ばんざい」の大合唱。監督も「よしよし」といった誇らしげな顔で、ものすごいチームワークを生んだ瞬間だったそうです。

　大人はこういったチームスポーツでは、「助け合いが大事だから」「チームワークが大事やぞ」と、薄っぺらな「ことば」で子どもにいい聞かせることがあります。
　しかし、本物のチームワークや助け合いは、そんな薄っぺらなことばよりも、こうやって目には見えない深いつながりをもって実感するはずで、コミュニケーションの本質は、このような「つながり感」によってもたら

されるものだと感じます。

　スポーツは助け合い、チームワーク、励まし合いが実現できる素晴らしいアイテムで、それを創りだす「つながり感」は、ことばで教えても諭しても伝えられるものではありません。

　Ｔ君が黙々と練習する姿を、チームメートは見ていました。Ｔ君は監督に与えられた役割をしっかりとやり遂げ、チームのために貢献しました。母親もその彼をサポートするために、違う立場でチームに関わりました。そして、「勝つ」ことにもこだわり続け、今この場でしか学べないような「助け合い」や「チームワーク」を、子どもたちに「自然に」つかませた監督の存在。

　これらすべてが機能し、結果となったゲームでした。

　その日の最後に、この監督はチームメートとその保護者に向けていいました。

　「こんなに優しい子どもたちは、これからの人生どんなことがあっても負けない。何があっても何が起こっても、こんな優しい子どもたちは絶対に負けない。それぐらい、この子どもたちは野球を通じて優しい子どもになってくれた」と。

　素晴らしい監督の、素晴らしい「能力を引き出す指導」でした。そして、チームに関わるすべての人の絆を深めた出来事でした。

　この監督が表してきた「できる人として扱う」「機能することを引きだす」「観察する」「実力＋１の課題を与える」「ただ見守る」といった行動は、指導者としてのスキルで、もっとも大切な点です。

　そしてスポーツは、このように人の可能を引き出す、人と人が違いを認め合い、尊重し合える素晴らしい価値を持っています。スポーツが持つこの価値を、「人づくり」「しあわせな自立」に活かせる財として広める役割がチットチャットにもあります。

あとがきにかえて

「指導者の自由な発想」と「子どもの変化を察知するセンス」

　チットチャット・メソッドの基本は、指導を一定の型にはめることでも、マニュアル通りに子どもを動かすことでもありません。目の前の子どもの「今」に最適最良の結果を実現することを目的に、指導者の自由な発想と子どもの変化を察知するセンスを手掛かりにして、指導するスタイルです。

　「指導者の自由な発想」と「子どもの変化を察知するセンス」を現場で活かすためには、子どもの「傾向（タイプ）」を理解し、それに対応する指導の「基本」が不可欠です。

　この本では、現場で私たちが子どもたちから学んだ、子どもの「傾向」を理解する方法や、それに対応する指導の「基本」を集成しました。こうした基本をマスターしたうえで、指導者のセンスを活かした「自由自在・変幻自在」の指導を展開していただきたいと思っています。

　こうした指導が展開できる指導者が増えていくことによって、スポーツのコアバリューである「からだづくり」「人づくり」が広がり、スポーツの文化的価値が社会に根づいていくと考えています。

あそびっ子の毎日　「どうすれば、おもしろくなるか」

　私の子どものころの思い出は、「あそんでいた」シーンばかりです。とにかくあそびっ子な毎日でした。今のように「あそび環境や道具」が多様ではありませんから、どうすれば、今日一日おもしろくあそべるかが、人生最大のテーマでした。

　ひとりあそびからグループあそび、室内から屋外へ、微細運動から粗

大運動、同年齢から異年齢、校区内から校区外、都会から田舎、いたずらからスポーツなど、それこそ「自由自在・変幻自在」なあそびの世界が実現していました。

　小・中・高校時代、いつもあそびやスポーツが身近にありました。決して秀でたアスリートでも、極めたスポーツがあったわけではありませんが、日常生活の中に、必ず何らかの「からだアプローチ」を実行していて、「からだ」に強い関心を持ち続けていました。

　大学で社会福祉を学び、「スポーツに関わる仕事をしたい」と思っていましたが、幸い、大阪市長居障がい者スポーツセンター（当時、大阪市身体障害者スポーツセンター）の指導員として採用されました。当時、センターの指導員はほとんどが体育大学の卒業生で、スポーツ技術もスポーツ指導の実績も優秀な方ばかりでした。社会福祉を学んだ私にはスポーツ指導は未経験で、障がい者スポーツに対する専門知識もありませんでした。「スポーツに携わる仕事がしたい」との思いはありましたが、劣等感を感じる日々でした。

「人のからだの仕組み」が指針

　そんなある日、尊敬する職場の先輩のひとりが次のようなアドバイスをしてくれました。障がい特性や障がい者スポーツ指導の情報を無我夢中で取り入れ、右往左往している私を見かねての一言だったのだと思います。

　「障がいのある人を治すためには、普通の人を治せる技術を持たなあかん。普通の人の肩こりが治せない者に、障がいのある人のからだが治せるはずがない。特殊な治療法なんてないんや。すべては人のからだの仕組みが基本なんや」

このアドバイスをもらってから、「人のからだの仕組み」を知ることを指針として、どんな問題にも本質に遡って探究するように心がけました。目の前にいる子どもたちに指導するときにも、「スポーツってなんだろう」「指導するってなんだろう」「障がい者スポーツ指導はどうすれば機能するのだろう」と、常に自問しながら、子どもに対応しました。

発達に凸凹を持つ、発達障がいといわれる子どもたち

さて、チットチャット・スポーツ塾に通ってくる子どもたちは、ほとんどが発達に凸凹を持つ、発達障がいといわれる子どもたちです。

最初から決まりごとがあったり、型にはめ込まれたり、マニュアル通りに動かされることには馴染みません。実際、まったく動いてくれません。子どもたちが、あそびやスポーツの「おもしろみや自由」を感じないからです。

でも、自由や選択権、主導権を与えると、子どもたちは生き生きと動き出します。自由で、安全、安心な環境とわかると、私たち指導者の提案や要求にも素直に従い、困難を乗り越えてくれます。その段階に達すると、運動・スポーツの一番の強み、「人づくり」のアイテムとしての力を発揮することが可能になってきます。運動・スポーツのおもしろみや醍醐味を体感し、発達、成長への一助としている子どもたちを私たちは何人も見てきました。

私事ですが、スポーツセンターに入所して2年目、悪性リンパ腫に罹患し、長い闘病生活を送りました。一時は死も覚悟しました。そして、今また、人生2度目のがんにも遭遇しています。毎日、子どもたちや親御さん、スタッフ、家族、その他たくさんの方々の支援をいただいて、

生きながらえ、今も命がわくわく騒ぐような活動を続けています。

　私は「ポストでベストな生き方を」ということばが大好きです。ポスト（役割）、つまり人にはひとりひとりこの世の中に生まれてきた役割があり、その役割に気づき、その役割をまっとうするように生きることが一番のしあわせだ、ということばです。

　発達障がいを持ち、発達障がい児を育てている方々にも、そのひとりひとりに特別な役割があるはずです。運動・スポーツを通して「ポストでベストな生き方」をする人が増えること。これがチットチャットが目指していることです。

　このチットチャット・メソッドの思いがみなさまに届きますように！

2018年2月　森嶋　勉

チットチャット・スポーツ塾ホームページ内に、この本で紹介した運動あそびの動画のリンク先があります。これは実際にチットチャットで行っている指導の一例です。

発達障がい児のための運動サポート動画（無料配信中）
https://chitchat-sports.co.jp/sp_movies/

◎参考になる本

『増補版 ちょっとしたスペースで発達障がい児の脳と感覚を育てるかんたん運動』太田 篤志〔監修〕森嶋 勉〔著〕合同出版
『人間脳を育てる 動きの発達＆原始反射の成長』灰谷孝〔著〕花風社
『共生コーチング』森嶋 勉、森美智代〔著〕NPO法人チットチャット
『共生コーチングその２』森嶋 勉〔著〕NPO法人チットチャット
『イラストでわかる人間発達学』上杉 雅之〔監修〕医歯薬出版
『教育の力』苫野一徳〔著〕講談社
『オランダ流コーチングがブレない「自分軸」を作る』石川 尚子〔著〕七つ森書館
『輪ゴム一本で身体の不調が改善する！』佐藤青児〔著〕晶文社
『競技力向上と障害予防に役立つスポーツPNFトレーニング』覚張秀樹、矢野雅知〔著〕大修館書店

著者紹介

森嶋 勉 （もりしま・つとむ）

株式会社チットチャット取締役。NPO法人チットチャット副理事長。大阪市長居・舞洲障がい者スポーツセンターにて障がい者スポーツ指導員として20年勤務。2014年児童デイサービス「チットチャット・スポーツ塾」を開設、現在4店舗を運営、約600名の発達障がい児の運動、スポーツ指導をおこなっている。

執筆協力

灰谷 孝 （はいたに・たかし）

淡路島在住。「発達の情報格差ゼロ。発達がみんなのものになる」を目指して、「発達支援コーチ」として講演・講座を開催、「発達支援コーチ／トレーナー」育成を進めている。

イラスト　shima.
本文デザイン、組版　竹川美智子
装幀　HOPBOX

発達障がい児の感覚を目覚めさせる
運動発達アプローチ
タイプ別　やる気スイッチが入る運動あそび

2018年5月1日　第1刷発行

著　者　森嶋　勉
発行者　上野良治
発行所　合同出版株式会社
　　　　東京都千代田区神田神保町1-44
　　　　郵便番号　101-0051
　　　　電話　03（3294）3506
　　　　振替　00180-9-65422
　　　　ホームページ　http://www.godo-shuppan.co.jp/
印刷・製本　株式会社シナノ
■刊行図書リストを無料進呈いたします。
■落丁乱丁の際はお取り換えいたします。

本書を無断で複写・転訳載することは、法律で認められている場合を除き、著作権及び出版社の権利の侵害になりますので、その場合にはあらかじめ小社宛てに許諾を求めてください。
ISBN978-4-7726-1347-7　NDC780　257×182
©Tsutomu Morishima, 2018